U0732647

话说
中国

正义的觉醒（上）

1929年至1937年的中国故事

邢建榕等 著

上海故事会文化传媒有限公司

上海锦绣文章出版社

总顾问：李学勤
总策划：何承伟

本卷顾问：杨天石

主编：熊月之 盛巽昌

正文作者（按卷次先后排列）

《新世纪的曙光》　　廖大伟等
《正义的觉醒》　　　邢建榕等
《血肉长城》　　　　华强等
《命运的决战》　　　叶永烈等

辅文作者（按姓氏笔画排列）

叶永烈 邢建榕 华　强 李　欣
张锡昌 陈　宇 陈华兴 赵晋波
盛巽昌 蒋　松 廖大伟

图片提供

中国国家博物馆、文物出版社、中
国第二历史档案馆、上海市档案
馆、中共一大会址纪念馆、上海宋
庆龄故居纪念馆、上海图书馆、解
放军画报社、北京万千景象图文设
计有限公司、广州集成图像有限公
司、中红网等单位及（按姓氏笔画
排列）
王　雁 王晓岩 叶永烈 邢建榕
华　强 刘　朔 刘永华 江　山
李子青 李国城 肖殿昌 吴蓉蓉
张小红 张锡昌 陈　宇 高洪兴
崔　陟 盛巽昌等

本页长城照片由郑伯庆拍摄

《话说中国》翻开现代史新篇章

上海文艺出版总社编审　何承伟

昂 扬 激 越 的 时 代 风 貌　　自 强 不 息 的 民 族 精 神

出版说明

早在2009年，《话说中国》现代史4卷本就已出版，作为一个参与其中的出版人，能够躬逢其盛，尽自己的一份绵薄之力，感到由衷的兴奋和自豪。《话说中国》"立足于学术，面向大众"，力图通过科学的、创新的生动内容和具有现代理念的出版样式，形成雅俗共赏、学术性和普及性兼备的历史普及读物。根据这一理念，我们编辑出版了《话说中国》古代史16卷本，得到了专家学者和广大读者的认同，被国家有关部门列入"民族精神史诗出版工程"。中国历史学会会长李文海说："《话说中国》作为一个出版现象，它的创新内容和形式不仅普通读者有用，对专家学者也有启迪。"史学专家葛剑雄教授认为，《话说中国》是广大学生钟爱历史的最好载体之一。2006年4月，国家主席胡锦涛访美，将《话说中国》丛书作为国礼赠送耶鲁大学。《话说中国》古代史系列出版后，累计发行量已达250多万册，码洋近2亿元。它的总销售量即相当于一个中型出版社的全年生产总量，称得上是一个出版奇迹。

学无止境。出版人永不满足的心态促使我们不断鞭策自己，超越自我。《话说中国》古代史系列出版后，我们马上着手编撰现代史4卷本。经过广大专家学者的倾力参与，编辑出版团队的精心配合，现在《话说中国》现代史4卷本终于和广大读者见面了，它们分别是：《新世纪的曙光》（讲述1912-1928年的中国故事）、《正义的觉醒》（讲述1929-1937年的中国故事）、《血肉长城》（讲述1937-1945年的中国故事）和《命运的决战》（讲述1945-1949年的中国故事）。至此，《话说中国》从公元前200万年原始社会开始，一直到1949年新中国的成立，成为一部洋洋20卷的古代史、近现代史兼备的书系。

20世纪上半叶，是中国人民谋求民族独立和人民解放的重要历史时期。在这一过程中，中国既要为争取独立和自由作出巨大的努力和牺牲，又要在短时间里就中国的前途命运作出抉择；既要对中国传统文化的优劣给予评价和扬弃，又要对各种外来思想文化进行咀嚼、吸收和反思，并创造性地加以运用；既要克服两千多年来封建专制体制形成的种种弊端，又要应对西方工业革命以来迅猛发展所带来的严峻挑战；既要抵御帝国主义列强的入侵，维护国家独立和民族尊严，又要在艰苦的战争环境中进行社会生产建设……可以说，中国人在短短几十年间走过了西方国家几百年走过的路。从1911年到1949年这段并不长久的历史，浓缩了关乎中华民族生死存亡的重要历史时期，出现了左右历史和时代的世纪伟人，和一批又一批的人民英雄。这段历史，不仅仅是我们今天走上伟大民族复兴之路的重要前奏曲，更以史实告诉着世人一条颠扑不破的真理：没有共产党就没有新中国！

➤ 400余则经典故事，全面展示中国现代史昂扬激荡的生动轨迹。《话说中国》以故事体文本为特色，记住一段故事，就记住一段历史，记住故事里的人，也就记住故事的魂。历史的真实，科学的表述，仰仗故事叙述的曲折生动、起起伏伏来完美再现。连国外的同行都惊叹："想不到中国历史书也可以写得这样生动有趣。"

➤ 1500余幅细腻反映社会风貌的生动图片，立体再现时代的风云变幻。《话说中国》以图识史，给人"百闻不如一见"的感觉。现代史4卷本更是汇集了大量珍贵稀见的图档照片，涵盖政治、经济、军事、文化、社会生活、科技等各方方面面，在图片征集过程中，得到了图片权威机构、档案馆、博物馆、各类媒体以及个人收藏者的慨然相助。

➤ 为适应今天读者的阅读习惯，《话说中国》这套将近6000面的书，竟然创造了可以从任何一个页面读起的奇迹，每个页面都是一个相对独立的图文知识体系。它不是通常意义的历史读物，更像杂志书，是一部融杂志、图书、网络样式于一体的具有多种便捷实用检索功能的中国历史百科全书。故事、图片和知识信息，绵延不断，经纬交织，共同构成了中华文明史的绚丽画卷。其中离我们当代最为接近的民国时期，浓缩了众多信息，是最值得我们去回顾、去总结、去反思的极为重要的历史阶段。

➤ 从2009年到现在已经有四年的光景了，《话说中国》丛书二十卷全部出版完毕。这些年来，《话说中国》丛书受到了社会各界广泛的关注，获得了众多奖项和多方的赞誉，为此我们十分欣慰。这几年间不断有热心人提出建议，建议我们把书出得更普及一些，让每一所学校，每一座图书馆，甚至每一个家庭都能拥有一套《话说中国》丛书。为此，我们决定这次再版时做一些改动：原版二十卷书去掉索引卷，将其他十九卷拆分成三十六卷重新出版，基本上是一本分成两本。这样既细化了这套丛书，又使得每册不至于太厚太重，便于读者阅读，定价不涨反落。我相信这种形式会受到广大读者的喜爱。

➤ 丛书改版的过程貌似简单，实则不易，相关编辑人员都付出了巨大的辛苦和努力。在这套书系改版完成行将付梓之时，翻阅着洋洋三十六卷的大书，透过阵阵的墨香，看着字里行间的每一个故事、每一张图片，为自己能参与《话说中国》的编辑出版工作而感到高兴，更为我们伟大的中华民族而骄傲，为作为一个中国人而骄傲。

一个风云变幻的大变动时代

中国近现代史专家　上海社会科学院研究员　熊月之

中华民国作为一个历史时代，上接清朝，下连中华人民共和国，从1912年至1949年，首尾三十八年。这不是此前《话说中国》丛书所描述的汉、唐、明、清那样普通意义上的朝代，因为其不是一姓之天下，其寿命也远比一般朝代为短，还比不上元朝，但是，其内蕴相当丰富，故事出奇精彩，意义极其重大，可圈可点、可惊可叹、可歌可泣的事如繁星满天。

这一历史时代，从法统上说，分为两个时期：一、北京政府时期（1912－1927）；二、国民政府时期（1927－1949）。与以往朝代最大的不同，这一时代的政治架构是按照近代西方行政、立法、司法三权分立的原则设计出来的，不是权力不受制约、世袭罔替的君主专制，是民国不是帝制。

这是一个风云多变、战火频起、多种政治力量不断分化组合的大变动时代。

1912年元旦，孙中山在南京就任临时大总统，宣告中华民国成立。这是中国也是亚洲历史上第一个资产阶级共和国。历时二百六十八年的清朝统治至此结束，绵延两千多年的专制帝国至此终结，中国政治历史从此翻开新的一页。

1912年4月，由于众多因素的综合作用，前清重臣袁世凯获得政权，就任大总统，定都北京。此后四年间，他外倚西方列强的支持，内靠纵横捭阖的手段，软硬兼施，由临时总统而正式总统，由内阁制而总统制，由任期总统而终身总统，逐步将权力集中到自己手中。

1916年元旦，改元为洪宪元年，恢复帝制。结果，无论是先前反对他的人还是先前赞成他的人，都站到了他的对立面，讨伐声浪汹涌澎湃，遍于域中。袁世凯于3月22日被迫取消帝制，随后于6月6日在羞辱与忧愤中死去。

一个军政强人的突然消失，留下了一大片权力空间，接下来是长期的权力争夺与军阀割据。袁世凯死后，北洋军阀分裂为皖、直、奉三大派系，此外还有山西晋系阎锡山，徐州一带张勋的定武军，西南滇系唐继尧、桂系陆荣廷等。从1916年到1927年，从北国到南疆，从沿海到内地，各路军阀相互拼杀，虎噬鲸吞。1927年4月18日，国民政府在南京成立。此后，中国政治中心从北方移到了南方。

自1927年至1937年，中国一直受到外患与内争两个方面的困扰。外患主要是日本的侵略。内争主要来自三个方面，一是国民党内部不同派系之间的倾轧与斗争，二是来自"新军阀"的挑战，包括李宗仁和李济深的桂系、冯玉祥在华北的"国民军"、张学良在东北的势力、阎锡山在山西的势力等；三是国民党与共产党之间的斗争。内争与外患时常交织在一起，不同政治力量之间的消长分合也时有变化。四一二事变以后，大批共产党员和工农群众遭到杀害。共产党先后发动南昌起义、秋收起义、广州起义，建立工农红军，进行武装斗争。从1930年至1934年，蒋介石先后发动五次针对红军的"围剿"，前四次均被击败。第五次，红军失却在江西的根据地，被迫长征北上。1936年12月12日，张学良与杨虎城发动西安事变，将实行"攘外必先安内"政策的蒋介石囚禁起来。在中国共产党的斡旋下，蒋介石获释，被迫接受停止内战、共同抗日的要求。

1937年7月7日，日本帝国主义发动卢沟桥事变，中国军队奋起抗击，为期八年的抗日战争从此开始。1945年8月15日，抗战胜利，日本政府宣布无条件投降。此后，国民党又发动内战。经过三年多浴血奋战，共产党领导的人民军队击溃国民党军队，蒋介石退守台湾。1949年10月1日，中华人民共和国宣告成立。中国历史由此翻开新的一页。

这是中国遭受空前外患、民族精神淬火升华的特殊时代。

日本帝国主义在1931年策动"九一八"事变，占领东北三省，1935年制造华北事变，1937年7月7日发动卢沟桥事变，以后全面侵华。

国难当前，中国人民奋起抵抗。尽管中国国力远逊于日本，工业总产值只有日本的三分之一，军事方面除了陆军人数比日本稍多，海军、空军与日本之比，分别是一比八与一比十三，武器装备更为落后，但是，中国人民不畏强暴，进行了气壮山河的殊死斗争，万众一心，众志成城，地不分南北，人不分老少，民族、阶级，同仇敌忾，共赴国难，长城内外，大江南北，到处燃起抗日的烽火。国共两党领导的抗日军队，分别担负着正面战场和敌后战场的作战任务。正面战场组织的一系列大仗，包括淞沪、忻口、徐州、武汉等战役，予日军以重创。敌后战场的广大军民，开展游击战争，八路军、新四军、华南游击队、东北抗日联军和其他抗日武装力量，四处出击，奋勇作战。平型关大捷打破了"日军不可战胜"的神话，百团大战振奋了人民争取胜利的信心。万千中华儿女，面对敌人的炮火勇往直前，面对死亡的威胁义无反顾，以血肉之躯筑起钢铁长城，谱写了惊天地、泣鬼神的壮丽史诗。

艰难困苦，玉汝于成。经过艰苦卓绝的抗战，中国人民终于彻底打败了日本侵略者。这是自鸦片战争以来中国反抗外敌入侵第一次取得完全胜利的民族解放战争。绵延久远的中华民族精神经此磨炼淬火，得到了空前的升华。

这是中国在外交方面有一定改善、经济有一定发展、思想文化有不俗表现的特殊时代。

思想文化方面，这三十八年是大放异彩的时代，在中国历史上，只有春秋战国时期庶几近之。无论是北洋军阀、各地军阀，还是设在南京或重庆的国民政府，都无法绝对有效地控制大学、报纸、期刊与出版业，无法完全控制新文化、新思想的传播，这造成了有利于思想交锋、学术争鸣与文化繁荣的特殊环境。之所以有那么多党派活动，有那么多思潮、学派产生、争鸣，五四新文化运动之所以那么激荡磅礴，马克思主义之所以能够广泛传播，中国共产党之所以能够成立，都与这个特殊环境有关。具体文化门类方面，有许多相当突出的成就：文学创作方面的鲁迅、郭沫若、巴金、老舍与茅盾，语言学方面的赵元任，史学方面的王国维、梁启超、陈寅恪、陈垣、董作宾、李济、顾颉刚与钱穆，哲学方面的胡适、冯友兰、金岳霖、汤用彤、贺麟，社会学方面的吴景超、潘光旦、费孝通，教育方面的蔡元培、梅贻琦、张伯苓，绘画方面的徐悲鸿、张大千、齐白石、丰子恺、黄宾虹，音乐方面的黎锦晖、聂耳、冼星海，电影方面的蔡楚生、阮玲玉、金焰、胡蝶，戏剧方面的田汉、曹禺，数学方面的陈省身、华罗庚、苏步青，物理学方面的吴有训、叶企孙、严济慈，地质学方面的李四光，气象学方面的竺可桢，造桥方面的茅以升，冶炼方面的周仁，化工方面的侯德榜……均各领风骚，独步一时，如山花烂漫，云蒸霞蔚。

国民政府在外交方面进行了一些努力。经过谈判，中国相继与众列强签订新的关税协定，实现了关税自主；1943年，中国收回了所有租界。一战以后，中国民族工商业得到一定的发展，电话、电讯等先进设备开始进入普通人的生活。

总之，这是去今不远、对今天仍有深刻影响的特殊时代，是一个历时虽短但内涵丰富、色泽斑斓、可以从许多角度反复解读的非常时代。

现代中国三十八年

上海社会科学院研究员　盛巽昌

> 历史是人的历史，所有的人都参与历史的创造。

> 现代中国史和我们关联极大。我们的前辈历经艰难困苦，走过了那段艰苦的岁月。今天的人们正追寻他们的足迹，从中解剖、分析、汲取知识、智慧和启示，获得成长和进步的经验。后来者总是站在前人的脊梁上创造、前进，这样就更聪明、高大了。

> 这段现代中国史就是，从辛亥革命中华民国创建，成长、衰败、崩溃，到中华人民共和国成立的三十八年历史。

> 三十八年在中国悠久历史长河里只不过是条微不足道的小溪。中华五千年文明史丰富灿烂，在这块肥沃的大地上出现过万千个可歌可泣、可悲可叹的人和事，可哪朝哪代能与现代中国三十八年相提并论呢？在这短暂的艰辛岁月里，它所创造的奇迹，完成的功勋，承负的重担，焦劳困苦，竭蹶时形，那是过去任何一个时代、一个世纪，甚至十几个世纪的总和也难以比拟的。中华民族到了最危险的时候，光明与黑暗，统一与分裂，正义与邪恶，和平与战争，前进与倒退的变奏，伟大与卑劣，庄严与丑恶，英雄与屠夫，巨人与侏儒的共存，织就了现代中国三十八年一幅悲壮、慷慨，足以传承子孙百代的永垂不朽的画卷。这段历史承前启后，永远是中华民族的瑰宝，是产生于特定时空而又能超越时空，藏诸名山传之后世的中华文明。这也是中国人对世界的极大贡献，为世界文明史写下光辉灿烂的篇章。

> 读历史，更要读现代史。

> 鸦片战争后，开眼看世界的中国人，惊呼遇到了"数千年来未有之变局"。现代史三十八年里，国人处变局之中奋发图强，找寻救国救民之路。今天的中国，正处于民族复兴千载难逢的历史机遇期。中国关心全球，全球聚焦中国。这就需要我们爬梳、解读、认识、重温那段历史引发的情感和文字，找回失落许久的民族自尊、自信、自爱和自强的民族本色。忆往昔，峥嵘岁月稠。孙中山等辛亥革命志士前赴后继，结束了几千年封建王朝，剪去了象征大清帝国的辫子。以毛泽东为代表的共产党人，抓住中国革命的农民问题，提出了指导中国革命的科学理论，进行了土地革命，后来又在两个命运的决战中，建立了人民共和国。革命尚未成功，同志仍须努力。我们正在做我们前人从未做过的事业，我们的目的要达到，我们的目的一定能达到。这些出现在现代中国史上的伟大豪言壮语，至今读来仍虎虎生风，激励人们奋发有为，自强不息。

> 三十八年历史莽莽苍苍。

> 它是中华五千年历史长河最大的曲折处。几千年的道德、文化，乃至生产、生活方式，此时

此刻遭到从未有过的冲击、涤荡。除旧布新。一个划时代的倡导社会新风尚的观念变换出现了，实行男女平等，尊重人格和废除种种陋习，一浪高过一浪；中华大地也出现了自己民族的工业和著名企业，也有了现代色彩的城市；建立新的文化教育机构，有整套从小学到大学、甚至出国留学的学校教育制度；中国的科学研究，工程技术在进步，其中若干还因为广大民众包括企业家、科学家和各个领域的文化精英，奋发图强，达到了世界先进水平。在风雨如磐，鸡鸣不已的岁月里，中国人抬起胸膛，开始站起来，屹立在高山之巅。

现代中国参加了两次世界大战，加入了许多重要的国际性组织，对于我们今天而言，这些经历或者是宝贵的财富，或成为前车之鉴，后事之师。

尤其是第二次世界大战。

这是一次空前绝后，关系全人类命运的反法西斯战争。中国人民为挽救民族危亡，自1931年始，包括全面抗战八年总计十四年，在正面战场和敌后战场，同仇敌忾，众志成城，打败了日本军国主义，把它完全、彻底地赶出了中国，取得民族独立和自由。战争教育了人们，人们也赢得了战争。中国人参加包括抗日战争的世界大战所付出的历史代价是巨大的，但也启发了民智，获得了全世界的尊重。其功绩与山河并在，与日月同辉。深刻地反思过去，正确地认识现在和理智地瞻望未来，那就应该学些历史，包括现代史知识。从学习中不断深化认识我们民族是一个伟大的民族，历经战争等种种磨难，她没有瓦解，没有沉沦，反而是经过时间的洗礼，更加成熟了。

现代中国史是一本好的教科书。虽然已属过去，而且渐行渐远，可是有时却感到很近很近。那些历历在目的英豪，惊天动地的大事，激励后人要学习学习再学习。意大利学者哥尔多尼说得好："世界是本美丽的书，但对不能阅读它的人几乎不起作用。"诚哉斯言，可为座右铭。

鉴于此因，本书以八卷本的巨大篇幅，按三十八年的历史顺序，层层紧扣，采用《话说中国》固有的故事写作样式，图文并茂，辞理并重，展示于众。

现代中国史丰富多彩，五色缤纷。这里只能是择其部分，以故事叙述的样式，展示三十八年民国春秋。"轻舟载得春多少，无数飞红到桨边"。庶其能从丰富灿烂的中华文明史殿堂，通过写作者的手笔，编辑者群体的通力合作，为海内外各个层次的读者，送上这部蕴含亮丽、鲜活的书卷。在阅读中增添兴趣，在兴趣里深化阅读。路漫漫，阅读如行路，走不尽的路，读不完的书，半个世纪前有个哲人曾经说过：人类还是处在幼年时代，人类今后要走的路，不知要比现在长远多少倍。但愿本书长行万里，传诸万千人家，能为广大读者欢喜。

目录

南京国民政府前期在"围剿"与"反围剿","攘外"与"安内"的争执中匆匆而过。共产党人找到了适合中国的革命道路,中华民族在抗日御侮的呼声中选择了联合反抗侵略,东方睡狮依然酣眠,但正义已经觉醒,民族有了新的希望。

专家导言

中国社会科学院荣誉学部委员　近代史研究所研究员　杨天石

> 北伐战争的胜利结束了北洋军阀群雄割据、互相混战的局面，中国形式上实现了统一，但是，随之而来的是国共两党之间的"十年内战"。

> 国共第一次合作破裂后，中国共产党上井冈山，进入农村，建立工农红军，实行以"打土豪，分田地"为主要内容的土地革命，力图以农村包围城市，推翻国民党在南京建立的国民政府。1929年1月，湘赣两省的国民党军队分路"会剿"井冈山革命根据地。毛泽东和朱德率领红四军出击赣南，进军闽西，先后在赣西南、闽西南地区，仿照苏俄模式，建立苏维埃政府（苏维埃，俄语，意为代表会议）。其后，中共陆续在湘鄂西、鄂赣皖、湘鄂赣、湘赣，以及广西的左右江、广东的东江等地建立15个苏区。至1930年3月，全国工农红军已发展至13个军，6.2万余人。1931年11月7日，中华工农兵苏维埃第一次全国代表大会在江西瑞金召开，成立中华苏维埃共和国，选举毛泽东为中央执行委员会和人民委员会主席。会议通过的《宪法大纲》规定：中华苏维埃政权是"工人和农民的民主专政国家"，其专政对象除军阀、官僚、地主、豪绅外，也包括"资本家、富农、僧侣及一切剥削人的人"。

> 1929年底至1930年初，共产国际严厉批判原苏共领导人布哈林"右倾"，指示中共"做好准备"，"用革命的手段推翻资产阶级和地主联盟的政权"。1930年5月，中共中央政治局常委李立三提出，以城市产业工人为主力，进行罢工和武装暴动，同时以各路红军进攻中心城市为辅助力量，争取一省和几省首先胜利。中共中央随即准备在武汉、南京等地暴动，在上海总同盟罢工，各路红军"会师武汉，饮马长江"。这一条错误路线时间不长，只有三个月。1931年1月，中共召开六届四中全会。在共产国际代表米夫的支持下，以王明为代表的"左"倾教条主义者再次取得在中共中央的统治地位。王明认为国民党统治正加速崩溃，中共应实行"进攻路线"，争取和推进"全国范围内的胜利"。不仅如此，王明还把中间派看成最危险的敌人。这条路线延续四年，直到1935年中共中央在贵州遵义召开政治局会议才得以结束。

> 蒋介石因联合冯玉祥、李宗仁、阎锡山等派系取得对奉系军阀的胜利，但是胜利后的各派却因利益、权力、地盘等问题而再起纷争。1929年3月至6月，蒋介石与桂系为争夺两湖地区发生战争。1930年4月，阎锡山在山西太原就任中华民国海陆空军总司令，冯玉祥、李宗仁分别就任副司令，通电反蒋。5月1日，蒋介石兴师讨伐。双方出动兵力共达140万人，鏖战半年。由于主战场在河南及邻近地区，因此被称为"中原大战"。8月，阎、李、冯与汪精卫为首的改组派、邹鲁等为首的西山会议派在北平

召开中国国民党中央党部扩大会议，成立（北平）国民政府，以阎锡山为主席，与南京国民政府对峙。9月，在东北的张学良支持蒋介石，率兵入关，阎、汪退入山西，北平国民政府悄然结束。1931年2月，蒋介石与立法院长、国民党元老胡汉民之间发生训政时期应否制定"约法"的争论，蒋介石将胡软禁于南京汤山。3月，汪精卫、孙科、邹鲁等在广州召开国民党中央执、监委非常会议，成立（广州）国民政府。中国再次出现两个国民政府对峙的局面。

就在国民党内部互相对立，纷扰不休之际，日本关东军悍然于9月18日夜进攻驻扎东北沈阳的中国军队，中国军队奉命"不抵抗"，日军迅速占领东北全境。南京国民政府寄希望于国际联盟的外交干预，以后又长期推行对日妥协退让政策，企图以此使日本的侵略止步，延缓对日作战时间。

蒋介石视中共的"红色割据"为心腹大患，于1930年8月、1931年2月、6月先后发动对苏区和红军的三次"围剿"。红军采取"诱敌深入"等战略战术机动灵活地反击，均取得胜利。九一八事变后，蒋介石主张"攘外必先安内"，继续坚持"剿共"第一政策。1933年2月、9月，蒋介石调集大军发动对苏区的第四次和第五次"围剿"。第四次"围剿"仍以蒋介石的失败告终，但第五次"围剿"则因"左"倾教条主义者掌握了中共的领导权，蒋介石取得胜利。1934年10月，红军被迫放弃苏区，突围长征。遵义会议之后，在毛泽东的正确指挥下，红军粉碎了国民党军队无数次的围、追、堵、截，克服重重困难，于1935年10月19日到达陕北。

自1929年至1933年，世界爆发经济危机，德国、日本、意大利三个法西斯国家迅速兴起。1935年7月，共产国际在莫斯科召开第七次代表大会，号召各国共产党"建立广泛的反法西斯人民阵线"，要求中共与一切"决心真正救国"的力量，结成反对日本帝国主义及其走狗的"广泛的统一战线"。8月1日，中共驻莫斯科代表团起草，并以中国苏维埃政府、中国共产党中央的名义发表宣言，号召各派爱国力量"亲密携手，共同救国"。在此形势下，中共中央的政策逐渐由"反蒋抗日"向"逼蒋抗日"发展。与此同时，由于日本侵略的不断深入和中国人民日益巨大、汹涌的抗日呼声，蒋介石和南京国民政府也在酝酿改变其国内外政策。国外，蒋介石试图联络苏联，恢复中断已久的邦交。国内，蒋介石试图调整和中共的关系。1936年1月，蒋介石指派专人到莫斯科，与潘汉年、王明会谈，说明自己"真诚地想同日本作斗争"；宋庆龄也通过在上海的中共秘密党员董健吾到陕北，向中共中央传递信息。此后，两党就合作抗日问题开始会谈。9月1日，周恩来更直接致函陈果夫、陈立夫兄弟，要求国民党"联俄联共，一致抗日"。但蒋介石一面作抗日准备，一面仍然企图首先消灭在陕北的中共力量。12月12日，张学良、杨虎城联手发动西安事变，蒋介石被迫同意停止内战，"联红抗日"，西安事变和平解决，中国近代历史出现了大转机。

民族利益高于一切，抗战方针既定，其他纷争、矛盾都被置于次要地位，中华民族即将进入团结抗日、挽救危亡的新时期了。

本书导读示意图

《话说中国》作为融故事体的文本阅读、精彩细腻的图片鉴赏于一体的中国历史百科全书,其中包含着无数令人神往的中国历史的秀美景致,它们经纬交织,互为表里,形成了中华民族上下五千年的灿烂文明。

如同游览名山大川离不开导游和地图的指点,通过以下图例的导读提示,读者定能够尽兴饱览祖国历史美景,流连忘返。

随时感受历史文化的魅力与编纂创意的匠心

整个版面构成充分体现出本书以故事体文本为主体的特点,体现出本书作为历史百科全书的知识信息密集、图文并重的特点,使读者在本书任何一个页面上,都能感受到历史文化的魅力与编纂创意的匠心。

导读、段落标题与编号,
能更好地理解故事精髓,更好地运用故事

为了更好地理解故事,在实际学习生活中运用故事,本书在故事体文本中,特地为读者准备了故事导读、故事段落标题与故事编号等三个重要内容。故事导读是概述故事精要,它与故事段落标题,都是为了让读者更好地理解故事的精髓,同时让读者以一种轻松便捷的方式快速获得文本重要信息。

人物和关键词具有很大信息量和实用性

在每一则故事中,都含有故事核心内容(即故事内核)、故事人物等基本要素。本书将此提炼出来,标注在每则故事的右上角(加上故事来源),使之具有很大的信息量和实用性。

建构多元、密集的知识性信息,
构成了全书另一个重要组成部分

以密集的信息,弥补故事叙述中知识点不足的局限,从而使故事的感性冲击力与历史知识的理性总结达成高度的统一。它让读者既见树木,又见森林;既享受了故事所带来的审美快感,同时又能浮绎历史的大智慧。如"中国大事记""世界大事记""历史文化百科"和图片说明文字等专栏中的有关内容,都是经过精心选择的练达的知识板块,既是历史知识的精华,又是广泛体现"活"的历史,体现当时社会人生百态,体现当时寻常百姓的寻常生活。

再现历史现实的图片系统

图片内容涵盖面广泛,能够深入再现历史现实,观赏效果细腻独到,立体凸现了每一不同历史时期社会生活各方面的发展变化。透过生动的"图片里面的故事",可以体味其中蕴涵着的深刻内容,堪称是历史文化的全息图像。

《话说中国》以精美绝伦的文字和图片,将中华民族最可宝贵的民族精神和生生不息的文化传统,演绎得生动而传神。看了这张导读图,你就开始一程赏心悦目的中国历史文化之旅吧。

故事标题。

故事编号:与"人物""关键词"等相联系。

历史文化百科:是精选的历史文化百科知识,分别涉及政治、经济、文化、科技等十余个知识领域。

中国大事记：以每卷所在历史年代为起止，精选与故事相应相近年代的中国历史文化重大事件，以此体现中国历史发展的基本脉络。

故事导读：概述故事精要，更好地理解故事精髓。

世界大事记：以中国大事记为参照，摘选相应年代的世界各国历史文化重大事件，以此体现本书"世界性"的理念。

人物、关键词、资料来源：将故事的人物、关键词提炼出来，标注于此（加上故事来源），使之具有很大的信息量和实用性。

图片：涵盖面广泛，能够深入再现历史现实。纵观整套书的图片，又分别构成了一个个独立的专门图史。

以直观的表格形式，便于读者对分散信息作系统的查考。

图片说明文字：深入揭示图片"背后"的历史文化内涵，读完这些文字，就会对图片有新的发现和新的认识。

故事段落标题：揭示本段故事主题，具有阅读提示和增加阅读悬念的作用。

公元1932年

世界大事记
7月16日，比利时颁布语言条例。

当经军是最光荣的

解放前朋适卡贾论著年表

书名	出版时间	出版者
《中国哲学史大纲》卷上	1919	上海商务印书馆
《尝试集》	1920	上海亚东图书馆
《胡适文存》一集	1921	上海亚东图书馆
《章实斋先生年谱》	1922	上海商务印书馆
《胡适文存》二集	1924	上海亚东图书馆
《国语文学史》	1927	北京文化学社
《戴东原的哲学》	1927	上海商务印书馆
《白话文学史上卷》	1928	上海新月书店
《庐山游记》	1928	上海新月书店
《人权论集》（合著）	1930	上海新月书店
《胡适文存》三集	1930	上海亚东图书馆
《胡适文选》	1930	上海亚东图书馆
《淮南王书》	1931	上海商务印书馆
《中国中古思想史纲》	1932	北大出版部印
《四十自述》	1933	上海亚东图书馆
《胡适论学近著》第一集	1935	上海商务印书馆
《南游杂忆》	1935	良友图书公司
《藏晖室札记》	1939	上海亚东图书馆
《胡适的时论》一集	1948	六艺书局
《水经注版本四十种展望目录》	1949	北大出版部
《齐白石年谱》	1949	上海商务印书馆
《我们必须选择我们的方向》	1949	台北自由中国社

摄一站，将红军列出的必需品。如药品、布匹、枪油、无线电器材、纸张。从汉中萧云为社长的《西北文化报》，收集南京和各地报纸，按时从这条交通线送出。便红军从中及时掌握全国各种动态。宋绮云后来为杨虎城器重，用为大秘长，武志平段接通站的故事。若干年后成为电影创作《红色交通线》的蓝本。

一张地图，几易其手

这条交通线，活动频繁。它给红军带来很多方便，但它引起了地方当局的注意。

西班大巴山

015

1929年 ＞ ＞ ＞ ＞ 1937年

前 言

公元1929年至公元1937年
正义在内忧外患中觉醒
民国中期

上海市档案馆研究员 邢建榕

历史翻开了新的一页 1927年南京政府建立以后,历史翻开了新的一页,相比较而言,在这一阶段,普通民众对国家社会的认同感有一定提高,对国家统一和民族独立有强烈愿望,经济发展螺旋上升,文化思潮新见迭出,民族工业续有发展。国家发展与现代化转型,总体上表现为上升的过程。但在老百姓看来,局面并没有多少改变,天灾人祸,民不聊生,军阀混战,外敌侵略,在在迫在眉睫,不得安生。各色人物风起云涌,你方唱罢我方登台,居于中心地位的核心人物无疑是蒋介石,手握党政军大权,挟天下令诸侯,且手腕高超,各路人马全不是他的对手。无奈强权过头,独裁必甚,攘外必先安内,民众深感民国不民主,枪口不对外,群情鼎沸,责骂蒋介石不作为、瞎作为,抗日救亡成为主流,新的希望寄托在中国共产党身上,卢沟桥枪声一响,历史又进入下一个阶段。

南京政府成立 1927年4月,蒋介石在上海发动四一二政变后,即奠都南京,成立国民政府。4月18日,南京国民政府发表宣言:"政府谨遵总理遗志,接受多数同志之主张,依据中央政治会议,于4月18日在南京办公。" 定都以后,本政府所负领导国民革命与建设民国之责任越益重大。" 以后宁汉合流,"继续清共",仍以南京为中央党部和国民政府所在地。国民政府的组织仍采合议制,设民政、外交、司法、财政、大学院等部,另设秘书长一名,负责政府日常事务。实际上,政府的大权,牢牢掌握在担任国民革命军总司令的蒋介石手里。

三个特别市 定都南京,北人不服,引发南京北京首都之争。蒋介石一不做二不休,干脆将北京改称北平,与天津同为特别市,刻意淡化北京的传统政治中心地位。只有南京有"京",别无分店。上海的江浙资本家,支持蒋介石上台有功,上海的经济资源还要继续利用,国民政府一纸令下,上海遂从江苏属地升格为"特别市",与北平、天津平起平坐。国民政府把政治中心与经济中心适当分离,以着力强化上海的经济职能,这客观上有利于上海发展为全国最重要的经济中心。而作为首都的南京则是一个政治中心。事实也是,上海经济发达,外国人多,免不了与他们打交道,沪宁交通方便,朝发夕至,顺便还可以度个周末。此后大上海初露端倪,从1927年到1937年,上海经济社会发展迅速，有黄金十年之称。

四巨头齐集
国民革命军进入北京、天津地区，全国统一初告完成。1928年7月6日，北平西山碧云寺孙中山灵柩前，蒋介石、冯玉祥、阎锡山和李宗仁四巨头齐集，举行北伐完成祭告典礼。蒋介石抚柩哀哭，李宗仁冷眼旁观，不过就此一场戏，就让蒋介石占得上风，孙中山的继承人，似乎非他莫属。不过，蒋虽然宣布中国"统一告成"，但地大物博的东北还没有归来。

东北易帜
东北尚未易帜，何去何从，各路人马穿梭往来，说客云集。蒋介石多次派特使到奉天，劝张学良把五色旗换成青天白日旗。他的统一要求得到英美的支持。1928年7月1日，张学良通电宣布与南京方面停止军事行动，表示决不妨碍统一，并派代表与南京方面进行联络商谈。其时发力最狠者，日本也，其觊觎良久，势力盘根错节，眼见东北要归附南京，在皇姑屯炸翻了张作霖的火车，可张学良仍是东三省保安司令。日本人称，如果东三省蔑视日本警告，率行易帜，日本将采取军事行动，但张学良自有主张，不为所动。国民党中常会赶忙任命张学良为国民政府委员，进入体制内运作。1928年12月29日，张学良等通电全国，宣布从即日起"遵守三民主义，服从国民政府，改旗易帜"，30日，南京政府任命张学良为东北边防军司令官，全体奉军归属于国民革命军。在东北易帜问题上，不仅日本人百般阻扰，与日本人关系密切的东北元老杨宇霆、常荫槐也从中作梗，且不把张学良放在眼中，张一怒之下杀杨、常两人，一举摆平，无人再敢说三道四。张学良的果敢决意，也可见一斑。

军阀重开战
二三十年代，广阔的中国土地上，政局动荡，社会混乱，军阀割据，三天一小战，五天一大战，今为盟友，明成对手，翻云覆雨，鸡犬不宁，老百姓一概视作"匪"。一部国民党统治史，就是一部各派军阀争斗史。新军阀之中，蒋、桂、阎、冯实力最强。蒋汪争权、桂系逼宫、蒋桂战争、蒋唐之战，一幕幕好戏，演到蒋冯阎中原大战，蒋要"削藩"，其他方面当然不从，于是好戏连台，高潮迭起，各方驱兵百余万，死伤20余万，是中国历史上规模最大、战斗最烈，死伤人数最多的一次军阀混战。最后，张学良通电拥蒋，入关助蒋，中原大战遂以蒋的胜利，冯阎失败而告终。巧合的是，张学良1930年9月18日通电拥蒋，为蒋消除异己帮了大忙，不过东北军因未能及时回防，东北防务空虚，日军于翌年也趁机发动了一个"九一八事变"，造成东北沦陷。两个九一八，都是30年代初期中国的重大历史事件，又都与张学良把自己绑在蒋介石身上有关。蒋冯阎大战之后，各派军阀之间的争斗也从未停止过，唯蒋都能脱颖而出。

江浙财团
南京政府建立前后，活跃在上海的实业家、银行家们，对革命军北伐和南京政府的建立，在政治上、财政上给予了大力支持，几乎一手把蒋介石捧上了台。这些实业大亨、金融巨子，如上海总商会会长虞洽卿、中国银行总经理张嘉璈、交通银行董事长钱新之、上海商业储蓄银行总经理陈光甫、浙江实业银行总经理李铭等，不是浙江人，就是江苏人，故被当时媒体称之为"江浙财阀"，又名江浙财团。据史料统计，从1927年5月至1928年6月北伐军占领平、津为止，南京政府在上海金融界发行了1.36亿元公债和库券。发行公债和库券成为蒋介石政权筹措款项的一个主要渠道，江浙财团成为南京政府的财政基础。同样，蒋介石能够在军阀混战中获胜，除握有军事实力和中央政府名义外，与英美等国的支持有关，而英美等国的支持，又少不得江浙财团的牵线搭桥。当然，江浙财团的直接经济资助，更是蒋介石能够获胜的重要原因。不过，江浙财团与蒋介石的关系颇为复杂，两者既有相互依恃、相互利用的一面，更有矛盾重重、勾心斗角的一面，其实质是控制与反控制的较量，国民党蒋介石企图建立一统天下的官僚资本金融体系，而以张嘉璈为代表的上海银行家们，则为保持其独立性而挣扎求存，波澜迭起的民国政坛，由此更增几分诡谲和变数。

经济统制 经济是蒋介石维持统治的基础。由于江浙资产阶级的支持，蒋介石获得了巨额的经济援助，但对于南京政府来说，仍然显得杯水车薪。蒋介石意识到必须建立政府的金融体系，拟设中央银行于上海。但长于财政的宋子文告诉他，中央银行无资本实力，在社会上信用低下，在老百姓心目中，中国、交通等大银行才是正宗。蒋介石指示，如果中央银行徒有其名而无济实需，不如另谋他法，可将中国银行改组为中央银行。他的想法，即使无法更名，也要使中国银行变成自己的"国库"。不料中国银行的几位当家人都不是省油的灯，软磨硬顶，竟使蒋介石一时无法得手。无奈之下，蒋介石改变手法，以"专业化"名义实施笼络、统制，中国银行被改组为"特许之国际汇兑银行"，交通银行被改组为"特许发展全国实业银行"。1928年11月1日，中央银行在上海成立，财政部长宋子文兼任总裁。中交两行不得与中央银行争权，而须与中央银行合作。到1935年，蒋介石最终还是将中国银行和交通银行兼并。至此，以中央银行、中国银行、交通银行、中国农民银行和邮政储金汇业局、中央信托局为中心的国家银行体系，也全部建立起来，南京国民政府有了稳定可靠的"国库"。

革命文化运动 大革命失败，白色恐怖严重，文化阵线却异军突起，夏衍、沈雁冰（茅盾）、朱镜我、冯乃超、胡也频、丁玲、叶紫、瞿秋白、冯雪峰、潘汉年、周扬等人，原先投身于政治斗争，现在只得重返文化战线，用手中的一支笔抗击政治高压，形成影响深远的左翼文化运动。1930年3月2日，中国左翼作家联盟（简称"左联"）在上海宣告成立，成立大会在窦乐安路中华艺术大学（今多伦路201弄2号）的一间教室里举行，作为左翼文化精神领袖的鲁迅出席了会议，还是三人主席团成员之一。后来牺牲的"左联五烈士"——柔石、胡也频、李伟森、冯铿和殷夫，都参加了成立大会，并聆听了鲁迅的讲演。左联的诞生，标志着中国的革命文化运动进入新的历史阶段。左联成立后，艺术剧社、南国社、摩登剧社等于1930年3月发起成立上海戏剧运动联合会，后改称中国左翼剧团联盟。5月，中国社会科学家联盟成立。7月又有中国左翼美术家联盟组成。在这些左翼团体的基础上，由周扬、夏衍等组成的中共文化工作委员会（文委）发起了中国左翼文艺总同盟。在中国共产党的直接领导下，左翼文化战士在思想文化战线上，对国民党发起了全面的进攻。不过，由于受到中共党内"左倾"思潮的影响，左翼文化运动也曾带有一定程度的"左"倾和关门主义色彩。鲁迅曾指出："左翼作家……不但要那同走几步的'同路人'，还要招致那站在路旁看看的看客也一同前进。"1936年10月，隶属于不同文学阵营的鲁迅、郭沫若、包天笑、周瘦鹃、林语堂、叶圣陶、茅盾、谢冰心、巴金等21名著名作家，发表了《文艺界同人为团结御侮与言论自由宣言》，号召"全国文艺界应不分新旧派别，为抗日救国而联合"，这个宣言的发表，标志着文艺界统一战线的初步形成。

红军长征

蒋介石在新旧军阀混战中胜出，一统天下，但要应付的事情实在太多，外有日本强敌磨刀霍霍，内有红军心腹之患，攘外必先安内，蒋介石摆平各路诸侯之后，回过身来开始"剿匪"，双方短兵相接，战事惨烈。❯ 秋收起义之后，红色根据地星罗棋布，井冈山、海陆丰、赣南、闽西、湘鄂赣、鄂豫皖，都相继建立了红色政权。星星之火，可以燎原。江西瑞金成立了中华苏维埃共和国临时中央政府，并先后挫败了蒋介石的多次"围剿"。❯ 几次"围剿"失败后，蒋介石吃一堑长一智，除实行严密的经济封锁和交通封锁外，按德国军事顾问塞克特指点，靠稳扎稳打的碉堡战术，步步推进，每前进三五公里，就停下构筑堡垒。这一套，原本也不足怕，可这时以王明路线为代表的"左倾"领导者掌权，实行"六路分兵"、"全线防御"，硬打硬拼，红军中唯一的外国军事顾问李德，也是德国人，自命不凡，"崽卖爷田心不疼"。红军将士虽然勇猛顽强，但力量对比悬殊，李德战术错误，最终无法坚守。❯ 1934年的10月10日，在夜色苍茫中，红军总部开始从瑞金出发，被迫撤退，离开了苦心经营多年的中央根据地，踏上了漫漫长征路，天涯何处是我家？后来被称为"长征"的这一重大历史事件，就从这一天起步。然而，前面的路漫长而严峻，死亡的危险时时刻刻等待着红军将士们，前有伏击，后有追兵，跳出一个包围圈，又陷入一个新的包围圈；崎岖雪山、沼泽湿地，随时随地夺人性命，许多人走着走着，就倒了下去，甚至不见了踪影。红军以超乎寻常的英勇和毅力，克服途中遇到的数不清的艰难困苦，历时整整一年，纵横福建、江西、广东、湖南、广西、贵州、云南、四川、西康、甘肃、宁夏、陕西等10多个省，徒步行程二万五千里，最后胜利地到达陕北。❯ 长征途中，1935年1月15日至17日，政治局扩大会议在遵义召开，史称"遵义会议"，肯定了毛泽东的正确作战原则，确立了以毛泽东为代表的新的中央领导。

抗日救亡

九一八事变以后，日本侵略步步扩大，东北已成为日本的殖民地；《塘沽协定》《秦土协定》、《何梅协定》，"华北五省自治运动"，北平、天津岌岌可危。国民党妥协退让，中华国土一步步沦丧，民众颠沛流离，人人都有大祸临头的感觉。❯ 华北危机重重，民众心中燃起抗日救亡的怒火，学生们冲在前列，悲愤地喊出："华北之大，已经安放不下一张平静的书桌了！"1935年12月9日，北京爆发大规模学生请愿运动，并迅速发展到杭州、天津、南京、上海、武汉、广州及其他各地。学生运动尽管遭到国民党军警的镇压，却有如惊雷划破长空，冲破了国民党反动派的黑暗统治，全国各界纷纷建立救国会，并在上海成立全国各界救国联合会。民众强烈要求国民政府停止内战，共同抗日，至救国会"七君子事件"爆发，沈钧儒、章乃器、邹韬奋、李公朴、王造时、沙千里、史良被捕，又在全国范围内形成了抗日救亡运动的新高潮。❯ 随着日军步步紧逼，不容转圜，蒋介石对日政策有了明显改变，开始趋向强硬。西安事变之后，蒋介石放弃了坚持长达五年之久的"攘外必先安内"政策。与此相适应，中共也完成从"抗日反蒋"到"逼蒋抗日"策略方针的转变。这当中有共产国际的影响，有张学良的态度，有中苏复交的关系。总之，抗日民族统一战线终于形成，成为中国人民战胜日本帝国主义的一个重要法宝，自此全民族一致抗战有了强悍的精神支柱和社会基础。

大渡桥横铁索寒

中国工农红军长征路线图

选自武月星主编《中国现代史地图集：1919—1949》

燎原之火

毛泽东、朱德率红四军主力下了井冈山,转战赣南,在大柏地打了一个漂亮的伏击战,自此凯歌高奏,先后攻取宁都、广昌,并首次入闽,占领长汀。

开天地,朱毛下井冈山

1929年元旦后的几天,井冈山山上山下,遍地是皑皑白雪。毛泽东、朱德和陈毅等人在宁冈柏露村商议,提出分兵下山,开拓红色根据地。

井冈山红军自从以不足一个营兵力,打垮敌军四个整团的进犯,取得黄洋界保卫战的辉煌胜利后,至今已经一年了。在这一年里,红军在毛泽东、朱德指挥下,不断壮大发展,蒋介石视之为心腹大患,于是命令江西省主席鲁涤平和湖南省清乡会办何键为总指挥,调遣两省地方部队18个团的3万兵力,分军六路,气势汹汹从南北东西对井冈山大围攻。

面对敌人一次又一次围攻,毛泽东沉着应战,坦然处之。他非常重视井冈山战略地位,对秘书黄春圃(江华)说:"井冈山是个好地方哩,比南京好得多。它周围有八百里。有山有水,腾云驾雾。蒋介石的南京都没有井冈山这么大。蒋介石'占市为王',我们就'占山为王'。"

但为了开拓和巩固湘赣边界红色根据地,毛泽东建议下山,并采纳朱德、陈毅的意见:向赣南出击。

毛泽东、朱德率红四军主力28团、31团和军部独立营、特务营下山。由彭德怀、滕代远率红四军30团(原红五军)、32团(原井冈山袁文才、王佐部农军)留守井冈山。

借民粮,红军铁纪律

2月9日清晨,毛泽东、朱德由黄柏圩赶往大柏地。途经隘前村时发现,从隘前村到大柏地之间,有一条长达十余里的峡谷。那条峡谷小道,从高山间穿过,两侧树木参天,伴随小道蜿蜒的是一条小河。

毛泽东和贺子珍
毛泽东上井冈山后,1928年4月与贺子珍结婚。此后贺子珍担任他的秘书。这是两人经过长征初进延安时的合影。

世界大事记

1月6日，塞尔维亚-克罗地亚-斯洛文尼亚国王亚历山大一世废除宪法，解散议会。10月3日正式更名为南斯拉夫王国。

谢家林　刘光磊　《瑞金》

毛泽东　朱德

谋略　勇敢

人物　关键词　资料来源

毛泽东见此地形，心中暗喜道：这可是打伏击的最佳场所。

毛泽东找朱德商议对策。而朱德在途中就已观察好地形，并制定了战术：28团二营于来路诱敌人伏击圈后，就地阻击敌军前进；31团和特务营埋伏在东侧山头；28团一营从右翼向敌侧后迂回，断敌退路，独立营和军直属队为预备队。

朱德的战术得到毛泽东等人的一致赞同，与会的团营干部陈毅、林彪、朱云卿、谭震林、罗荣桓、萧克等异口同声高喊："消灭刘士毅，杀敌过新年！"

团营干部们喊出了红军战士们的心声。红军将士自下井冈山以来，转战千里，还未打过一个漂亮仗，他们迫切想要抓住战机，痛击来敌。而江西军刘士毅旅这支追兵，在遂川时就是红军手下败将，如今又气势汹汹赶来，战士们岂肯放过这个作战良机。

战术已定，可红军却陷入了断粮的窘境。而当地民

印在包袱皮上的红军"六项注意"

众听说军队要来，早已躲散一空，留在家里的只有准备过年的鸡鸭鱼肉和米酒。红军因严格执行三大纪律、六项注意，没有一人去动这些食物，而这时很多将士已有两餐粒米未进了。

战士饿着肚子打硬仗，指战员们心里总不是滋味。

毛泽东、朱德听从了黄春圃的建议：现在是非常时期，只得先动用民众过年的食物，算清价格，留下欠条，

望云草室
1929年毛泽东、朱德率红四军进入闽西南，在此设立前敌委员会机构并召开前委扩大会议，作出进军部署。

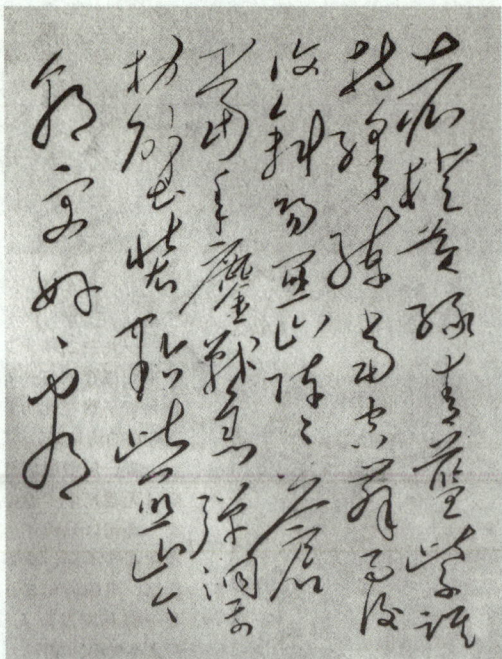

毛泽东《菩萨蛮·大柏地》词手迹

待日后如数归还。

果然，战士们饱餐后，士气更加高涨。

打伏击，全歼敌追兵

第二天清晨，红军各路人马进入预定地区，枕戈以待。

刘士毅的两个团分别从黄柏圩和壬田追来，当即被萧克的二营引诱进入伏击圈。第二天是大年初一，等敌军两个团全部进入了红军的伏击圈，大柏地十里峡谷突然响起了进军的号声，红军各路人马纷纷冲向敌阵。朱德命令预备队全部投入战斗，他自己挥舞着驳壳枪，率领警卫排冲在前面。毛泽东没带枪，抄起一根木棍和几个警卫员来到第一线。

江西大柏地战斗旧址

战斗结束，两个团的追兵全部被歼，俘虏八百余人，包括两个团长。后来在释放俘虏时，两个团长混在人群里也逃走了。

大柏地大胜后，红军继续向宁都挺进，从不背枪的毛泽东竟也背起一支缴获的长枪，与战士一同前进。

1933年5月，毛泽东重返旧地，主持大柏地民众大会。会上他向大家说明当年红军出于无奈借用年货，衷心表示感谢，并当场向每户人家赔付了所欠款项。

此时此刻，毛泽东遥望雨后彩虹，远处山峰树木郁郁葱葱，前村弹洞依然可见，不禁想起大柏地鏖战情景，当即作《菩萨蛮·大柏地》词一首：

赤橙黄绿青蓝紫，谁持彩练当空舞？

雨后复斜阳，关山阵阵苍。

当年鏖战急，弹洞前村壁。

装点此关山，今朝更好看。

》盛巽昌

历史文化百科

〔红四军新军装〕

1929年3月14日，红四军由赣入闽，在长岭寨歼灭闽西土著军阀郭凤鸣部两千余人，乘胜占领汀州（长汀），广泛发动群众，打土豪，扩大红军，又向商人筹款五万余元，用郭凤鸣开办的缝纫厂，给所有人员缝制了两套灰布衣，一顶缀有红五角星的八角帽和一副新绑腿，红军的识别标志也由识别带改成红袖章。以此作为全军统一的服式。

○○二

方正《张学良和东北军》
何俊良《重大事件纪实》

张学良
杨宇霆

果断　激进

人物　关键词　资料来源

冰冻三尺非一日之寒

杨宇霆毕业于日本陆军士官学校，他特别善于钻营，很会察言观色，张作霖督奉(奉天，今沈阳)后，杨宇霆很快就被提升为督军署参谋长。

张作霖对杨宇霆信赖有加，倚为左右手。渐渐地，杨宇霆开始骄纵恣睢，不可一世。在张学良面前，杨宇霆总以父辈自居。他还十分迷信，专门养了4个巫师以问吉凶之事。巫师恭维他有帝王之相，杨宇霆非常相信。1927年，日本方面准备踢开张作霖，以杨宇霆取而代之，杨认为这正好印证了巫师之言，更增强了他的野心。

常荫槐当时担任黑龙江省省长，他常年把持东北铁路交通大权，把铁路视作自己的私有财产。张作霖被炸身亡后，张学良接替父职，出任东北军总司令。杨宇霆、常荫槐却不把张学良放在眼里，常荫槐一直主张由杨宇霆主政东北。他常在其他人面前说："小六子（张学良）少不更事，懂得什么？"对张学良的指令，他高兴就听，不高兴就不听。张学良当时吸毒成瘾，每次召开参议官会议，常常中途退席吸毒，会议只得改由杨宇霆主持。杨宇霆在会上嘲笑说："他每天注射毒针甚多，将来必会自毙！"当张学良事后询问会议讨论情况时，杨宇霆往往推说："你不用管！我们会作决定的！"

有一次，某处长因紧急军情要向张学良报告，遍寻不见，于是找到杨宇霆。杨带他到帅府，得知张尚未起

大帅府的枪声

杨宇霆是东北军中炙手可热、权倾朝野的元老。1929年1月10日晚上，张学良下令将杨宇霆和另一个东北军元老常荫槐处决，干了一件惊天动地的大事。

床。杨宇霆怒气冲冲地直闯张学良卧室，以长者身份将张学良训斥了一通，说："你这样下去，东北的事能干好吗？"张学良怒道："我干不了你干？"

矛盾激化，忍无可忍

杨宇霆一直想掌军权，认为这是制服张学良的王牌。他不仅主动要求在军中任职，而且在军中收买高级军官。张学良曾经查获了两起杨宇霆以5万元收买旅长的案件。

在东北易帜的问题上，张学良与与杨宇霆、常荫槐产生了不可调和的矛盾。张学良主张与国民党合作，实现全国统一，而杨宇霆、常荫槐则反对挂青天白日旗。1928年12月29日，张学良不顾杨宇霆、常荫槐等人的反对，毅然宣布东北易帜，矛盾开始激化。

杨宇霆为他的父亲祝寿一事对于日益恶化的张杨关系而言，无疑是雪上加霜。杨宇霆父亲生日那天，整个奉天城为之震动。蒋介石、白崇禧、阎锡山纷纷派代表到奉天祝贺，连日本方面也派出了祝寿代表。这一天，东北三省的政要几乎全部到场。为了缓和与杨宇霆的矛

沈阳大帅府西洋楼

张学良戎装照(上图)

张学良易帜后，被南京国民政府任命为东北边防军司令长官。时年二十九岁，被认为是当时最年轻的封疆大吏。

奉系元老杨宇霆

盾，张学良夫妇二人特地备了一份厚礼前去祝贺。杨宇霆见了二人，仅点点头算是招呼，将他们视作一般宾客，有意冷落。张学良在宴会上目睹了国内外政要对杨宇霆的恭维，见杨宇霆大有"天下滔滔，舍我其谁"的架势，心中非常恼怒。

说办就办，快刀斩乱麻

1929年1月10日下午，杨宇霆、常荫槐一起来到张学良帅府，要求成立东北铁路督办公署，任常荫槐为督办。常荫槐虽然把持着东北的铁路交通大权，却管不了中苏合办的中东铁路，这成了常荫槐的一块心病。于是两个人想了这么个主意，成立一个能管住中东铁路的公署。张学良认为公署的成立涉及到与苏联的外交问题，需要从长计议。杨宇霆、常荫槐却说，此事已定，少帅只要签字即可。两个人拿出一张拟好的公文，要张学良立即签字。这样的大事，竟然不容商量，硬逼着签字。张学良怒火中烧，却不露声色，笑着说："已到晚餐时间，二位吃了饭后再作决定吧！"杨宇霆不高兴地说："我们回家吃饭以后再过来吧！"杨、常二人告辞而去。

张学良愈想愈怒，当即召警务处处长高纪毅、负责全城卫戍的第7旅旅长王以哲、总部卫队统带刘多荃和侍卫副官谭海到帅府商量。这4个人都是手握重权的关键人物，对杨宇霆的骄横历来不满。高纪毅对张学良说："少帅，杀人的事，说办就办。说办不办，必有后患。"这一句话坚定了张学良快刀斩乱麻的决心。张学良对高纪毅说："我命令你立即将二人处死！"高询问在何处执行，张学良说："就在老虎厅。他们二人身上有枪，要当心。"

按照张学良的部署，王以哲负责全城警戒，刘多荃负责帅府安全，下令当晚所有人准进不准出。高纪毅与

谭海挑选了6名卫士，一切布置停当。晚上8点钟左右，杨宇霆、常荫槐结伴而来，直接进入老虎厅就座。高纪毅很客气地与他们周旋，称少帅片刻就到。一支烟工夫，谭海率领6名全副武装的卫士走进老虎厅。杨、常二人愕然地问："少帅呢？"高纪毅突然像换了个人似的，严肃地说："奉长官命令，你们两人阻挠国家统一，着将二位处死，即刻执行！"

平日不可一世的杨、常二人一听此话，呆若木鸡，想说什么却没有说出来。6个卫士分为两组立即上前，两个卫士按住一个人，另一个人开枪。"砰砰"两声，杨、常二人挣扎了一下，倒在了老虎厅的地毯上。

当天晚上，少帅府灯火通明。张学良命连夜向南京报告处死杨、常二人的原因和经过，补写军法会审文件。第二天天未明，张学良召开东北军高级将领会议，宣布对杨、常二人执行死刑的情况，到会的将领目瞪口呆，不敢相信是真的。张学良命将杨、常二人尸体从老虎厅抬出，交由杨、常二人家属吊祭。张学良还派人向两家表示慰问，每家赠送丧葬费1万现大洋。1月11日，张学良向全国发出关于处决杨、常二人的通电。处决杨、常二人，张学良才真正掌握了东北军。   〉华强

山海关城楼（下图）
山海关背山面海，为长城重要关隘。城楼所悬"天下第一关"匾额，相传为明人所书。1935年6月，"华北事变"后，日军将它摘下，运往东京展览。

世界大事记

2月6日, 德国加入巴黎《非战公约》。

张伍《我的父亲张恨水传》石楠《张恨水传》

张恨水 严独鹤

才华 胆识

人物　关键词　资料来源

○○三

似是故人来

1924年4月,《春明外史》最早在北京《世界日报》副刊《夜光》连载, 至1929年1月全部载完。它从连载那天起, 就受到市民的关注。据说每日下午两三点钟, 读者就在报馆门口排起了长长的队伍, 等待当日报纸发售。当时适逢张学良在北京, 看了连载后, 赞赏有加, 亲自找到张恨水住处。两人相谈甚欢, 成为知交。后来张学良还想拉张恨水去做官, 张谢绝了。张学良还打算邀请张恨水写一本长篇说部, 书名就叫"张学良", 并说尽可秉笔直书, 不需奖饰。张恨水答应了, 但由于种种客观因素, 未能落笔。

这本是很清楚的事, 不料若干年后, 小报记者竟无中生有, 说张学良在奉天读了《啼笑因缘》, 认为书中抢走沈凤喜姑娘的军阀是影射其父张作霖, 就派副官邀张赴奉天。而张恨水认为他与张学良素无往来, 觉得此行凶多吉少, 便嘱咐家人:万一回不来, 你们赶快离京南迁。不料见面后, 张学良得悉《啼笑因缘》创作背景后, 大加赞扬, 盛情款待了张恨水, 并结为知交, 更要重金聘任, 为张所婉拒。

这种无中生有的编造传得很

《啼笑因缘》
《啼笑因缘》自问世的20年间, 为北平、上海等地印刷多次, 在伪满控制的东北, 甚至还推出篡改的盗版本。

《啼笑因缘》

通俗小说家张恨水的作品风靡全国, 他以《春明外史》一炮见响, 又以《金粉世家》走红北方, 但传播最广、影响最深远的, 却是《啼笑因缘》。

那么《啼笑因缘》又是怎样一本书呢?

广, 直到今天还有这样的文字呢。

其实《啼笑因缘》系1930年发表于上海《新闻报》, 同年12月初印结集本, 而张恨水是1929年应邀去沈阳商谈《春明新史》连载一事的, 在沈阳期间, 曾拜访过老朋友张学良。

不疯魔不成活

1929年春, 北平新闻界在中山公园欢迎前来参观的上海记者团时, 张恨水认识了上海《新闻报》副刊《快活林》的主编严独鹤, 两人相谈甚欢。严当即邀请张为《快活林》写一部连载小说, 张恨水答应了。

严独鹤回到上海, 就不断写信给张恨水催稿。

张恨水从未在上海报刊上发表过连载, 他想, 像《春明外史》、《金粉世家》等百万言长篇, 是京派小说, 恐怕不合上海读者的口味, 而且连载又必须要情节紧凑、内容新颖、有悬念、戏剧味强。

经过多日思索, 张恨水决定以北京天桥为背景, 写高翠兰的故事。

鼓书女艺人高翠兰在北京四平海升园演艺, 她嗓音甜美, 长相漂亮, 很受欢迎, 不料却被一个姓田的旅长抢去做妾了。《世界日报》的记者门

张恨水和妻儿
20世纪30年代初的张恨水和妻子周南, 怀抱儿子张二水。

鼓书

北方民间风行的鼓书艺术，深受民众欢迎，其道具简单，且因弹唱乐奏，流韵深长。

觉夫是高翠兰义父，曾来找张恨水和张友鸾商议营救办法。"高翠兰被抢案"轰动了北京城，大街小巷都在传这件事。

　　张恨水就此构思这部作品。为了写好它，经常跑前门外天桥，上鼓书场，聆听各路鼓书女艺人表演，还上她们住处了解她们的日常生活和嗜好，即使是一颦一笑，也不轻易放过，然后躲进中山公园的小山上，摒除杂念，专心写作。这部书就是后来风靡全国的《啼笑因缘》。

　　《啼笑因缘》写的是北京当时的故事。张恨水将主角沈凤喜、樊家树等描绘得栩栩如生，丝丝入扣，当它在《快活林》上连载时，上海市民大开眼界，奔走相告。不少人去北京时，还特意去天桥看看，有些人还打听书中沈凤喜住的胡同呢。

北平《世界日报》资深三记者

《世界日报》为成舍我主编的报纸，记者编译多系报坛精英。此为张恨水(中)与左笑鸿(右)、万枚子(左)在报社合影。

大成就小尴尬

　　张恨水凭《啼笑因缘》而走红大江南北，他拥有成千上万的读者，每天能收到来自四面八方的信件。有趣的是，一次张恨水去银行

取款，银行小姐看到他的名字非常惊讶，直直地盯着他看，又悄悄告诉了座旁的同事，引得大家都注视着张恨水，把他看得都不好意思了。后来张恨水谈起这件事时，还幽默地说："人的面孔被人当小说看，实在是件很难堪的事！"

　　《啼笑因缘》在报纸上走

《啼笑因缘》剧照之一

1932年，明星电影公司张石川导演的黑白默片《啼笑因缘》，片中胡蝶出演女主角沈凤喜，郑小秋饰演樊家树。

《啼笑因缘》剧照之二

红，逐渐吸引了电影界的目光。据张恨水儿子统计，70年里仅搬上银幕和荧屏就有14次。第一次是1931年"九一八"时期，由胡蝶、郑小秋等主演，在北平拍摄外景的同名电影。

因为《啼笑因缘》很有卖点，一两年内竟然出现了多种"续书"和"反案"，张恨水原想保持低调，听任它去，他多次说："我是不能续，不必续，也不敢续。"但在

北平豆浆摊

张恨水作品常提及下层社会民众生活，时见有关于豆浆摊的文字。抗战时日本报纸编造他在重庆开豆浆店。他说：我若能在重庆开八年豆浆店，我真发财了。

1933年，他却写出了《啼笑因缘续集》，这并不是因为出版商的软磨硬泡，而是他基于"九一八"事变激发的爱国义愤，《续集》让书中的主要人物都投身到抗日洪流中去了。 〉盛巽昌

20世纪二三十年代由笔名嬗化为常用名的作家			
常用姓名	原姓名	后改姓名	附注
鲁迅	周樟寿（豫山）	周树人（豫才）	据作者自称，命名鲁迅的理由是（一）母亲姓鲁；（二）周鲁是同姓之国；（三）取愚鲁而迅速之意。又据侯外庐说："我的看法是，'鲁'即取自母姓，'迅'，古义为狼子，'鲁迅'由此可理解为牝狼的一个有大力的儿子。"
郭沫若	郭开贞		因经故家乡四川乐山的沫水（大渡河）、若水（雅河）而定名
茅盾	沈德鸿（字雁冰）	沈雁冰	本取名矛盾，为叶圣陶改
老舍	舒庆春	舒舍予	1926年长篇小说《老张的哲学》在《小说月报》第17卷第7号开始连载，自第8号即用"老舍"
巴金	李尧棠	李芾甘	取自巴枯宁和克鲁泡特金译音的首尾两字
冰心	谢婉莹		取自唐人王昌龄《芙蓉楼送辛渐》诗"一片冰心在玉壶"
曹禺	万家宝		在南开中学时发表处女作《今宵酒醒何处》所用，曹，谐音草，草字之头，连同姓氏之尾，即成"万"（"萬"）
张恨水	张心远		原取名"愁花恨水生"，后截取为"恨水"，典出李煜《乌夜啼》："自是人生长恨水长东。"又说出自唐李商隐诗"恨水随波去"

〇〇四

三进闽西南

红军在毛泽东的领导下，一举攻克漳州，巩固了闽西苏区，开创了闽南革命的新局面。

1931年1月，以王明为代表的"左"倾路线把持党中央，提出实现"革命在一省首先胜利"的错误主张，要红军夺取中心城市，反对毛泽东等主张的大力发展和巩固根据地，以农村包围城市的正确方针。1932年2月，红军主力不听毛泽东劝告，强攻赣州，损失巨大。于是不得不请毛泽东前来指挥。毛泽东迅速改变了战略方针，转攻敌人守备薄弱处，一举攻克漳州。

"时逢四十九，张贞无路走"

毛泽东原先竭力反对进攻赣州，因为守敌过于强大，硬拼不值得。项英却固执己见，不听毛泽东的劝阻，攻城失败后，他只得上东华山寻找闲居的毛泽东，请他下山指挥。

毛泽东出山了。他果断地放弃围攻赣州的计划，兵分两路，一路就地游击，牵制敌人；另一路由他亲自带

1931年毛泽东在江西瑞金
至1931年，他和朱德所领导的红军打垮了蒋介石组织的三次"围剿"，取得了历年来最佳的战果。

领，从汀州向闽西突进，避实击虚，出其不意，几个小时就打垮了号称"闽西天"、"剿共"总司令张贞的两个旅。

红旗渡过汀江，漳州门户洞开，民众夹道欢迎衣衫褴褛、纪律严明的红军。

张贞多行不义必自毙，正如民间所传谚语："时逢四十九，张贞无路走。"意思是说，今年闽西军阀张贞可能就倒霉在四个"四十九"上。

第一个"四十九"，张贞部队番号是"第49师"；

第二个"四十九"，张贞当年49岁；

第三个"四十九"，张贞盘踞漳州49个月；

第四个最重要，就是红军在4月19日拂晓，发起了对张贞所辖部队的总进攻，势如破竹，攻下漳州。

不要凭衣冠抓人

第二天，毛泽东骑着大白马进了漳州城。

漳州是福建省仅次于福州、厦门的第三大城市。很多红军战士从江西山区出来，还是第一次进大城市。

这天，毛泽东召集连以上政治委员前来开会，杨成武也来了。

毛泽东一见面就问他："成武啊，听说你们抓了不少资本家？"

杨成武得意地说："抓得真不少，三百多。"

毛泽东问："你们了解清楚了吗？"

杨成武嘴一撇："听不懂他们讲话。"

毛泽东又问道："你们抓人的标准是什么？是不是懂礼貌的、戴眼镜的、穿旗袍的、拿文明棍和穿皮鞋的？"

杨成武说："是呀，没错。抓的全是这些人。"

毛泽东听了，不以为然："你这个团政委，不懂这里的话，又不调查研究，所以就容易违反政策。我告诉你们一句话：没有调查研究就没有发言权。"毛泽东接着讲了资

《微行：杨成武在1967》 吴洁清
《在毛泽东身边的日子里》
毛泽东 杨成武
权延赤
务实 民本
人物　关键词　资料来源

本家的标准；讲了民族资本家和官僚资本家的区别；讲了调查研究的方针，然后说："不能凭衣冠抓人嘛，你们现在就回去放人，给他们赔礼道歉，解释说我们不懂本地话，没做调查研究，承认错误……"

杨成武回去后认真调查，发现全城真正的大地主和官僚资本家也就只四人，他赶紧放了被错抓的人。

足足找了两担书

毛泽东住在城西龙溪中学校长楼，他最大的乐趣就是到学校图书馆找书。图书馆人员已逃离一空，他一边翻，一边找，口中不停念叨："好书、好书"，"久违了"。整整一天，毛泽东足足找了两担书，送回瑞金去，成为瑞金图书馆的藏书。

当时瑞金图书馆的书真是少得可怜，一部光绪朝的《瑞金县志》八卷本还缺两卷。而这次找来的书，特别是马克思主义著作，令毛泽东废寝忘食，大开眼界。他对恩格斯《反杜林论》译本尤为喜欢，若干年后，在延安遇见

民族精英、社会栋梁（上图）
1930年6月，由赣南、闽西苏区的红四军、红六军和红十二军整编为红一军团，全军共二万余人。图为红一军团的指挥员们。
毛泽东率领红军攻克漳州纪念馆（下图）
1932年，毛泽东率领中央红军东路军凯歌行进，由龙岩进占漳州。此役围歼敌军第四十九师，还缴获了两架飞机。

译者吴黎平时，还称赞吴所译《反杜林论》："其功不下于大禹治水。" 〉盛巽昌

中国大事记　5月，上海报纸首次刊出无线电传真稿。

○○五

孙中山奉安大典

1929年，孙中山奉安紫金山。至此，他的遗愿得以实现。

中山陵建在何处

孙中山逝世当天，北京政府发表唁文，宣布全国降半旗致哀三天，择日举行国葬。但是，国民党拒绝了国葬令。国民党之所以拒绝，一是不愿意由北京政府出面主持；二是遵照遗命，"以南京紫金山为安葬地"。

孙中山生前曾有遗愿，身后葬于紫金山。当年的卫队长还清晰地记得，那次临时大总统和秘书长胡汉民骑马郊游时，见紫金山南麓依山傍水，气势雄伟，风景甚美，不由脱口而出：我希望百年之后，借国民的一块地葬在此处，足矣！

3月15日，大殓举行。四天后，移柩中央公园社稷坛。

葬事筹备委员会决定，将灵柩暂时安放在北京西山碧云寺，待紫金山建陵完竣，再行奉安大典，整个选址、建陵、奉安事宜由林森总负责。

几天后，林森回到了南京，为中山陵选址。紫金山山南，方圆足有几十里，陵墓建在何处呢？他天天登上紫金山勘察。一天，林森与南京市长马超俊共登紫金山，走近当年太平天国的天堡城，忽然风雨大作，马劝林森说：赶快下山避风雨吧！但林森说："今天有风有雨，正是探得龙脉的绝好时机。"果然，他寻找到南麓的中茅山，作为未来的中山陵陵址。

1926年3月12日，林森主持了中山陵奠基典礼。

北伐军攻占南京后，中山陵建设工程正式开工，林森、宋庆龄、孙科等人组成的葬事筹备会公开征集设计方案。在众多应征者中，33岁建筑师吕彦直设计的警钟形方案脱颖而出，被聘为全部工程的主持。

王牌杠夫护送灵柩

南京国民政府成立后，陵墓建设加速。1929年春

天，一期工程基本竣工，随即奉安委员会计划移灵南下。国民政府委派何应钦为奉安迎柩总指挥。

5月下旬，国民政府委任林森、吴铁城等人为专使，前往北平移灵。遗体南移时，

巍巍中山陵

中山陵坐北朝南，倚山而筑，在同一条南北中轴线上，有条不紊纵向排列着陵前广场、牌坊、墓道、陵门、碑亭、祭堂和墓室。墓室在海拔158米处，与陵前广场平距700米，上下落差73米，整体建筑为8万平方米，共有石阶392级。陵园内还设有音乐台、藏经楼、紫霞湖、中山植物园等多座纪念性或辅助建筑。

世界大事记　5月7日，埃及与苏丹达成《尼罗河水协议》。

人物　孙中山　林森

关键词　庄严　宏伟

资料来源　《孙中山奉安大典》刘晓宁《未为而治的国府元首林森传》徐友春等

奉安典礼纪念章

将楠木棺换成意大利进口的紫铜棺，棺盖刻有精致的梅花图案。该棺上面是水晶玻璃盖，透过水晶玻璃，只见孙中山身着黑色马褂、蓝色长袍，脚穿黑色布靴，神态安详地躺在蓝色弹簧垫上，遗体两边用丝绵球固定，两脚间安放着一只约33厘米高、直径20厘米的大口康熙年间的瓷瓶，里面存放着火化了的内脏，用红色绸布扎口。楠木棺连同那套麻织衣裤都封存在西山碧云寺孙中山的衣冠冢内，水晶棺则留在寺内纪念馆供人瞻仰。

5月26日，灵柩由碧云寺移至前门东火车站。全程四十余里，为保护灵柩安全运抵车站，林森、吴铁城等迎接专使，决定用杠夫肩抬，并选择北平日升杠房。日升杠房的杠夫曾抬过慈禧太后、光绪帝的棺材。此店杠夫水平极高，无论抬到哪里，放在棺盖上的那碗清水，都不会有一滴溅出来。之后，又考虑到达南京车站还要抬着到紫金山，他们又决定在南京一段路也由日升杠房的杠夫继续抬上祭台。抬杠费就先付了1万银元。抬棺者共128人，前后各半，移灵队伍浩浩荡荡，沿途肃立致敬民众多达三十万。28日，专列抵达浦口，由军舰摆渡过长江，安抵中山码头，接着由特制的灵车护送到城内湖南路国民党中央党部大礼堂，公祭三天。

孙中山奉安紫金山

6月1日，灵车从国民党中央党部开出，缓缓驶向中山陵。绵延数十里的送葬人群中，有市民，有外国使节，还有孙中山的八十多名日本朋友。其中梅屋庄吉、山田

纯三郎、菊池良一还专程前往北平，与宋庆龄等一道，护灵南下。

军乐声起，奉安大典正式开始。8名卫士抬起棺体，林森与宋庆龄、孙科以及党政要人们一起护入墓室，然后用绳子将灵柩吊入圆形墓穴，再由铜梯下到穴底，将灵柩移正。一切就绪之后，由孙夫人率领家人亲自将墓门"敬谨严扃"。至此，前后历时四年的奉安大典结束，孙中山便长眠在紫金山中山陵。　》盛巽昌

宋庆龄（左六）视察紫金山墓地

孙中山灵柩在起运途中

移灵队伍，里三层外三层，最里层是身着统一号衣戴白帽的杠夫，两侧是荷枪的卫队，庄严肃穆。

〇〇六

百色起义

邓小平领导的两次起义，使广西左右江根据地连成一片，成为拥有二十多个县、一百多万人的红色根据地。

南宁刮起红色旋风

1929年7月，中共中央代表邓小平风尘仆仆，从千里之外的上海来到广西南宁。在他到来前后，中共中央和中共广东省委还派遣了张云逸、贺昌、叶季壮等来到南宁。他们都是由广西省政府主席俞作柏和省绥靖司令李明瑞请来的。当时俞作柏、李明瑞借蒋介石之力，在蒋桂战争中赶走了桂系李宗仁、黄绍竑，占领了南宁等地。

俞作柏、李明瑞有心要和共产党合作，让邓小平担任了省府秘书，并且释放了被黄绍竑关押的"政治犯"，给有伤病的治病，安排有能力的担任要职。解放"政治犯"的消息像暴风般传遍南宁城里里外外，民众无不称快，邓小平称赞说："要得，要得！干部问题也好解决了。"

俞作柏和李明瑞与邓小平商定，扩建了新军即广西警备四大队、五大队。广西教导总队副队长张云逸兼任四大队队长，俞作柏的弟弟、中共党员俞作豫任五大队队长；俞作柏还给左右江农会发枪支，其中韦拔群领

导的东兰农军领到三百多支枪，两万多发子弹。

这时，汪精卫、张发奎等派人来游说，要俞作柏、李明瑞率军北上，配合冯玉祥、阎锡山一起讨伐蒋介石，并答应成功后，划给他们广东全省赋税。俞作柏、李明瑞眼见蒋介石势单力薄，动心了，表示同意出军。邓小平知道后，劝俞作柏：不要当内战炮灰，何况所部军官太杂，不可靠。俞作柏、李明瑞决心已定，只是表示：已经骑虎难下，纵然失败，还可退回广西。

邓小平见劝阻不成，非常惋惜。他说："他们这步走得太快了！"

百色爆发武装起义

邓小平见俞作柏、李明瑞不听劝告，只好建议他们采取一些补救措施。俞作柏、李明瑞听取了邓小平的意见，出征前留下教导总队学员和警备第四、五大队，并任命张云逸为南宁警备司令。

果然不出邓小平所料，俞作柏、李明瑞所部三个主力师，两个师未出广西，就被蒋介石用金钱收买。另外一个自认为可靠的师，也投靠了蒋介石，他们还先后通电逼俞、李下野。两军尚未开战，俞作柏、李明瑞已经失

百色、龙州起义领导人（上排左起：邓小平、张云逸、雷经天；下排左起：俞作豫、李明瑞、韦拔群）

中国红军第七军司令部布告

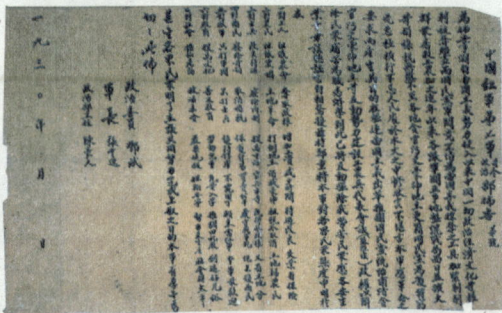

《邓小平政治生涯》
胡锦昌　张学军

《红军红八军》
王福琨
总指挥——李明瑞

邓小平　李明瑞

谋略　忠贞

人物　关键词　资料来源

败，只好带领数人潜回广西南宁。

10月中旬，狼烟滚滚，黑云压城，南宁危急。

俞作柏、李明瑞后悔当初不听邓小平的劝告。可世上没有后悔药。好在邓小平和张云逸等人早已做好应变准备。于是按既定方针，俞作柏、李明瑞和俞作豫率五大队撤出南宁，直奔左江龙州。邓小平和张云逸率四大队等往右江百色。在龙州，俞作柏还与李明瑞作了分工，他去香港筹备军械、粮饷，李明瑞留守。

邓小平、张云逸在百色积极准备起义，建立自己的武装。10月底，他们在百色附近平马、那坡等地，解除了由土匪改编的警备第三大队的武装，并会同韦拔群占领了东兰等右江地区各县城。在百色还设立以张云逸为督办的右江督办公署，名正言顺地筹集了几万银元。

起义准备已水到渠成。

韦拔群在右江地区坚持斗争时用的鼎锅

12月11日，天气晴朗，万里无云，百色军民聚集在东门坡广场，庆祝百色起义和红七军成立，同时在田东宣布右江苏维埃政府成立，由雷经天任主席。

这天，红七军的每个战士，个个都穿着新领的灰色新军装，戴着缝有红五角星的军帽。农民们敲锣打鼓，扛着锄头红缨枪，妇女和孩子穿红着绿，广场上足有五万余人。这天，右江苏维埃政府招待到会的五万民众吃了一顿庆祝饭，让人人尽欢而归。

红七军张贴安民布告，署名是军长张云逸，党代表邓斌。邓斌是邓小平的化名。但是这天他没有在场。

邓小平到哪里去了呢？

部分红七军将士在延安合影（下图）

红七军在延同志留影 一九四五年四月十七日

李明瑞坚决跟党走

原来邓小平在完成了百色起义部署后，接到中共中央急电，要他到上海作工作汇报。他只得把发动起义的重任交与张云逸。12月初，邓小平离开百色，准备先赴龙州部署起义事宜，然后取道越南海防，经香港至上海。途经恩隆（田东）榕树坳，恰巧遇见李明瑞，李是去右江策动第四警卫大队联手攻打南宁城的。邓小平不赞同攻打南宁，为李明瑞分析了敌强我弱的局势，还鼓励李明瑞既要坚持革命又要讲策略，要充满信心。李明瑞为邓小平的真诚所感动，想了整整一夜。第二天便找到邓小平，表示要坚决跟共产党走，并即席赋诗一首借以明志：

高官厚禄如粪土，
为民效劳堪清高；
革命志坚如磐石，
愿作壮士抗浊流。

在此期间，蒋介石曾多次派郑介民带着"广西省主席"、"第十五军军长"的委任状和巨款到龙州拉拢引诱，但李明瑞不为所动，断然拒绝。

1930年2月1日，李明瑞和俞作豫等人，按照邓小平

百色起义纪念馆
1999年12月建馆，陈列文物、图照，再现了邓小平等在广西右江领导革命的壮烈历史场景。

邓小平为左右江革命遗址题词

的部署，发动了龙州起义，建立了红八军。俞作豫任军长，李明瑞担任红七、八军总指挥，邓小平出任总政治委员兼前敌委员会书记。

邓小平非常赞赏李明瑞。1986年，他视察广西，在游漓江的船上，回忆当年的李明瑞，深情地说："李明瑞很不错，参加革命非常刻苦。从广西到江西，他没有骑过一次牲口，都是走路，我也陪着他一块儿走，我们两个走前面，带个先遣连。"　》盛毓昌

右江工农民主政府旧址
中国工农红军第七军军部旧址
邓小平题　一九六二年

百色起义红七军军部

世界大事记

7月3日，共产国际在莫斯科会议，认为中国革命已出现新高潮。

人物　黄敬临

关键词　技艺　耿直

资料来源　朱振藩《食家列传：朱振藩谈食说艺》

黄敬临与"姑姑筵"

中国菜肴，种类繁多，菜系庞杂，其中有一道菜在民国时期颇有盛名，许多社会名流、政治人物争相追捧，那就是四川黄敬临的"姑姑筵"。

"御厨"不幸落民间

"姑姑筵"，得名于四川娃儿传统游戏。所谓"姑姑筵"，就是几个孩子事先约好，到野外捡柴架灶、烧火煮饭，佐以带来的菜肴或采撷野菜一起享用；也有的是孩子们作为游戏，分别扮演各种角色，模仿成人宴席作秀。

我们要说的"姑姑筵"却是大人创办的。

话说成都有个叫黄敬临的人，前清时曾在光禄寺供职三年，因他厨艺精湛，深得慈禧太后的赏识，赏以四品顶戴，因而获得"御厨"称号。民国初年，黄敬临做过三任县知事，卸任后在成都女师教授烹饪，还开办了一间"晋临饭店"。他曾作诗记此事："挑葱卖蒜亦人为，误入歧途万事非。从此挂官归去也，但凭薄技显余辉。"

黄敬临饭店开办不久，又被召去当县知事，他只得将饭店转让。几个月后他又卸任归来，为了养家糊口，只得重操旧业。他妹子揶揄哥哥非生意中人，只能开"姑姑筵"，意即"小儿科"也。不料黄敬临听后大喜，认定"姑姑筵"招牌好。于是就在成都南门开了家"姑姑筵"餐馆，并自撰门联："学问不如人，才华不如人，只有煎菜熬汤，才能算一点真本领；亲戚休笑我，朋友休笑我，安于操刀弄铲，正是文人半生好下场。"他还写了一联发泄情绪："右手拿菜刀，左手拿锅铲，急急忙忙干起来，做出些鱼翅海参，供给你们老爷太太；前头烤柴灶，后头烤炭炉，轰轰烈烈闹一阵，落得点残羹剩饭，养活我家大人娃娃。"

"三鸡一吃"出精品

1930年，黄敬临的"姑姑筵"开张了。

他根据《随园菜单》，把宫廷饮馔化为民间常见的菜肴，经过精工细作，打出自己独有的品牌，无论原料贵或贱，只要经他烹制，都能做出色香味皆臻妙绝的菜肴。他做菜肴从不计工本，比如通常餐馆是"一鸡三吃"，而他却"三鸡一吃"：先将一鸡以文火炖烂，取出后，再在原汁里炖第二只鸡，炖烂取出后，再放第三只鸡炖烂，至此只尝此鸡和三只鸡的浓汁，其味当然就极美了。

黄敬临还常将他人抛弃的下脚烹制成"天下美味"。他把豆渣加工，爆香后与猪头合烹，把牛头加以适当火候及酱料，制成一道佳肴；有些则从他处学来加以改进，譬如酸菜煮黄腊丁就是他从川南船工烹鱼中学得的，青筒鱼则是借鉴西南少数民族用青竹筒烧饭而来。

黄敬临用这些贱价原材料做的佳肴，很受顾客欢迎。其中用猪大肠制作的"软炸斑指"最受徐悲鸿青睐。此菜价贱，偶尔只用在酒席配套，不另卖，但徐悲鸿每到"姑姑筵"必尝此菜，还称赞说："将贵重原料制成美味不难，难在将平凡菜色做好。"黄敬临听了大为叹服，亲自下厨。徐悲鸿深为感谢，当场挥毫，赠以水墨奔马画。

成都市井的悠闲老者

039

中国大事记 7月29日，中共红四军前委在上杭召开古田会议，会上决定坚持闽西游击战争，出击闽中。

张学良只求一尝"姑姑筵"

黄敬临"姑姑筵"主要业务是开办酒席。开始就规定一桌酒席要30银元，特设的不限，如替四川省主席办的一桌酒席，竟高达100银元，而当时一袋150斤精白面粉不过2.5银元，即使这样贵，对于这些纸醉金迷的达官贵人而言，仍是供不应求。因为黄敬临为了保证质量，每天只承应四桌，后来降至一两桌，而且还须提前三天预约，据黄称，因为要有充分准备，要亲自拟妥菜单，亲临厨房百尝其味，把住美看关，因此临时预订当天上席的则坚决拒绝。

据说有一次，张学良路过成都，四川省主席刘湘盛情款待，请他留宿一夜，张婉谢，刘湘再三挽留，张就

成都小吃摊

张学良夫妇在野外游玩

说："实在要赏饭，希望能吃到'姑姑筵'。"刘湘以为这很容易，就命副官临时去订席。哪知黄敬临不答应，好在副官打听到当夜川军某师长有宴席，于是他找到这位师长，说明原因，师长只得相让。张学良如愿品尝"姑姑筵"后，极为满意，说不虚此晚。

蒋介石到重庆后，也闻"姑姑筵"大名，包了四桌，吃后倍加赞赏，又令黄次日再办四桌。黄敬临竟当面拒绝，说："姑姑筵的订席规矩是三天前提出。厨师要休息，恕难办理。"看黄敬临那一本正经的样儿，蒋介石也无可奈何。

更有甚者，黄敬临还规定，凡是预约酒席，东道主发请帖，也必须发给他一张，还须在主桌上留一个座位，至于他是否参加，却要"悉听其便"。如若参加，黄敬临必亲手奉上菜肴，然后入席对宾主评论今日所食菜肴的妙处，只听他娓娓道来，有如一部名家食谱。 ▶盛巽昌

项目	主持者	所在地	代表菜看	附注
谭家菜	谭篆青	北京	鱼翅、鲍鱼	粤茶京菜融合
太史蛇宴	江孔殷	广州	三蛇羹	粤菜
祖庵菜	谭延闿	南京、长沙	鱼翅	湘菜，但很少用辣
姑姑筵	黄敬临	成都	三鸡一吃	川菜

20世纪二三十年代"四大天王"菜（部分）

公元1929年 公元1929年

世界大事记 7月18日，苏联宣布与中国断交。
7月28日，48国签署有关战俘待遇的《日内瓦公约》。

嘎达梅林

勇敢 爱民

《内蒙古文史资料》

嘎达梅林

人物 关键词 资料来源

〇〇八

武艺出众，官至梅林

嘎达梅林，姓莫勒特图，名那达木德，汉名孟青山。嘎达在蒙古语中意指小儿子，梅林是官职，即统领。人们习惯叫他嘎达梅林，意即小统领。

嘎达梅林长得相当魁梧，16岁就担任达尔罕旗（今内蒙古哲里木盟科尔沁左翼中旗）王府的卫兵。1926年，嘎达梅林因办事勤恳、武艺出众，被达尔罕王提拔为军务梅林，统领全旗130名蒙古骑兵。

达尔罕草原是达尔罕旗下七个蒙古贵族的世袭领地。清朝灭亡后，他们也改变生活方式，溜到北京做寓公，但仍指使爪牙在领地广收捐税，还将牧场招租、出卖或开垦为农田。经过10年挥霍，全旗剩余的牧场只有原有的四分之一了。

1929年，因东北荒务局丈量土地，达尔罕王决定将剩余牧场全部出售。广大牧民即将面临无处放牧的困境。

带头请愿，不屈不挠

嘎达梅林目睹达尔罕王的种种恶行，非常气愤，他挺身而出为广大牧民说情，请达尔罕诸王公和福晋们放牧民们一条生路。嘎达梅林言辞激烈，王公和福晋非常生气，说他是吃里扒外、不识好歹，当即削去他的领兵大权，调他

内蒙古"独贵龙"运动的领导人锡尼喇嘛（上图）

嘎达梅林

嘎达梅林领导的反蒙古王公起义曾震撼科尔沁草原，起义虽然失败了，但他的事迹却流传下来，人们还编了赞歌予以颂扬。

担任管理牧民的舍梅林。

嘎达梅林没有接任舍梅林，当天就回到家乡敖林毛都屯（通辽西北），找到当年一起放牧的兄弟们，号召众人保卫牧场，大家当即推举他为带头人。

同年7月，嘎达梅林和其他几十位牧民代表，东行几百里，赴奉天（辽宁沈阳）向达尔罕王和张学良分别递交了万人签名的"独贵龙"呈文；"独贵龙"就是参加签名者名字呈圆状分布，当局难以找到为首分子，无法捉拿。

达尔罕王吓坏了，整天躲在府里，府门紧闭，嘎达梅林率众在门口静坐了二十多天，不肯离去。达尔罕王命管家单独找嘎达梅林，承诺给他15方地，外加一万块大洋。嘎达当即拒绝道："我如果贪财，就不会抛弃官职、变卖家产，到此请愿了。"

达尔罕王见软的不行，就勾结奉天省警察厅逮捕了嘎达梅林和三名牧民代表，驱散其他代表。嘎达梅林等被警察厅关押了一个月后，又被达尔罕王押回本旗王府监狱关押。

嘎达梅林毫不屈服，他的妻子牡丹时常前来探监，并告诉丈夫她已联络家乡牧民准备劫狱。

绥远将军衙署旧址

内蒙古大漠西陲为河套之地，旧名绥远，因清置绥远将军而得名。后由此置绥远省，图为绥远将军衙署旧址。

敖包警察所

蒙古草原的治安机构，通常是由所在地营建，随地招募人员。

一曲民歌千古颂

1929年11月13日，牡丹带着7个能骑善射的壮士，在暴风雪的深夜里疾行了20里，救出了嘎达梅林。

嘎达梅林获救后，就在科尔沁草原上展开了抗荒保牧的武装斗争，到处打击"荒务局"、"安垦局"和王公的卫队。仅一个多月，他们9个人的小队伍就发展到二百多人，以后又迅速扩大到1200人。

达尔罕王无招架之力，只得向东北军求救。他们调来了吉林、热河等地驻军会同达尔罕卫队共四千余人，围剿嘎达梅林。

1931年初，嘎达梅林队伍已连续战斗三十余次，以寡敌众，损伤惨重，只剩下二百多人。这年4月9日，余部在通辽县北舍伯勒图附近被击溃；嘎达梅林为掩护众人南渡辽河，不幸中弹身亡，牡丹也受伤被俘。

嘎达梅林死了，科尔沁草原的牧民为纪念这位蒙古族英雄，编了一首民歌《嘎达梅林》：

南方飞来的小鸿雁呀，

不落长江不呀不起飞，

要说造反的嘎达梅林，

是为了蒙古人民的土地。

北方飞来的大鸿雁呀，

不落长江不呀不起飞，

要说造反的嘎达梅林，

是为了蒙古人民的土地。

天上的鸿雁往北向南，

是为了迎接春天的降临，

反抗王爷的嘎达梅林，

是为了蒙古人民的利益。

天上的鸿雁往北向南，

是为了寻找太阳的温暖，

反攻军阀的嘎达梅林，

是为了蒙古人民的土地。

〉盛罢昌

塞上常见的驼队商人

群鸟驼《往东外边（阿位古蒙）（禾珂摊）

〉历史文化百科〈

〔盟旗制度〕

盟旗为中国北方民族自治地区的行政单位，盟相当于地区（专区，或清时的道、府），旗相当于县。

盟旗制度是清初根据八旗制度组织原则在蒙古原有社会基础上建立的。旗为军事、行政合一的机构。盟为旗的会盟组织。设盟长平时管理行政，战时靠各旗兵丁出征。这个制度一直沿用到民国时期。但盟、旗作为行政单位仍保留至今。

公 元 1 9 2 9 年

世界大事记

8月11日，波斯与伊拉克缔结友好条约，正式承认伊拉克。

少华《中共无衔军事家》
陈辛仁《罗炳辉将军》
尼姆·威尔斯《续西行漫记》

罗炳辉

谋略 胆识

人物 关键词 资料来源

〇〇九

"封金挂印"

罗炳辉自幼家境贫寒，过着奴隶般的生活。地主经常来他家敲诈勒索，他父亲却大气不敢出一声。与懦弱的父亲相反，罗炳辉性格刚烈。12岁那年，他竟将一贯欺辱他家的恶霸告上法庭，这在乡里引起不小的震动。罗炳辉的父亲认为儿子暴躁的性子是个"祸胎"，于是不顾亲友反对，给12岁的罗炳辉娶了老婆后随即分了家，把他撵出了家门。

12岁的罗炳辉开始独立支撑门户。这时，有两个当

从奴隶到将军

1989年11月，中共中央军委确认了解放军的33位军事家，罗炳辉的名字赫列其中。

兵的人不知为了什么事把县里的一个恶霸给打了，而那个恶霸却忍气吞声。这件事点燃了罗炳辉复仇的愿望：一定要当兵去！有了枪就能报复那些地主恶霸！12岁的罗炳辉步行一千二百余里到了昆明，加入

着红军军装的罗炳辉将军（上图）

罗炳辉系彝族，身材魁梧，孔武有力。相传他从小练就双枪同时射击的本领，能左右开弓，弹无虚发，电影《从奴隶到将军》就是以他为原型，描写主角罗霄的神枪百发百中。

云南彝良罗炳辉铜像雄姿（右图）

唐继尧的部队，当了一个候补炮兵。

罗炳辉在军营里摸爬滚打了几年，练就了一身武艺。朴直忠勇的他渐渐成了唐继尧信赖的副官，专门掌管财务。这时，罗炳辉完全可以过上锦衣玉食的生活，但他总觉得这样做对不起忍饥挨饿的父老乡亲，于是渐生退意。罗炳辉几次向唐继尧请辞，唐不准。有一天，罗炳辉效仿"关公封金挂印"的故事，理清并封存账目后，留信作别。唐继尧看到信后，大呼："奇人，奇人！罗副官果然不爱钱。他如果拐带几十万，真是易如反掌！"

罗炳辉后来投奔朱培德，但处处受排挤，于是决心寻找新路。1929年7月，罗炳辉秘密加入了中国共产党。这一年秋天，罗炳辉在吉安发动起义，先后被任命为红军团长、军长和军团长。

诱敌深入

罗炳辉文化不高，却有一套诱敌制胜的绝技，毛泽东称他为"牵牛鼻子的能手"。

中国大事记　11月2日，中国银行在伦敦设分行，此为中国在英国设行之始。

在反"围剿"和长征中，罗炳辉的部队专门担任迷惑敌军、牵引敌军的"战略轻骑兵"。

1930年12月16日，国民党军分三路向中央革命根据地进犯，对红军进行"围剿"，毛泽东决定采用"诱敌深入"的战略方针。国民党军右路纵队有两任个师，公秉藩第5师按预定时间20日到达东固。红12军在军长罗炳辉的指挥下，与敌稍加接触即后退。同属于右路纵队的张辉瓒18师于21日姗姗来迟。这天正好大雾，几米之外就看不见人。张辉瓒的18师到达东固后，误将公秉藩的第5师当作红军，彼此激战近4个小时。第5师伤亡不小，公秉藩气得摔下了张辉瓒师，一走了之。

罗炳辉按照中央意图，率红35师边打边退，执行诱敌任务。张辉瓒18师不知是计，在后紧紧追赶。一路上，罗炳辉命令战士们将大刀、长矛、破枪、衣服等随地乱扔，制造狼狈逃窜的迹象。有一天，战士们做好了饭菜，正准备开饭，罗炳辉却下令紧急撤退。战士们当时不明白是怎么回事？其实，这也是罗炳辉略施的小计。张辉瓒师狼吞虎咽地吃了红军做的饭菜，不把红军放在眼里，完全放松了警惕。就这样，罗炳辉一路牵着张辉瓒的鼻子来到红军埋伏的龙冈。毛泽东率领红军关起门来打狗，活捉了师长张辉瓒，歼敌九千余人。

北方常见的骡马贩子（上图）
罗炳辉旧居（下图）
云南彝良洛洄陂古村。当地住民多系彝族。此为经修葺的旧居。

电影海报《从奴隶到将军》

1979年，彩色故事片《从奴隶到将军》写了罗霄从一个云南彝族奴隶成为革命将领的一生传奇故事。

叶挺和新四军第五支队领导人

1937年7月，新四军第五支队成立。图为叶挺军长（左一）与支队司令员罗炳辉（左二）、支队政治委员郭述申，以及其他领导人周峻鸣、赵启民、方毅等合影。

神行太保

1931年8月，蒋介石亲自率领三路大军将红军围困在一个狭长地带。红12军军长罗炳辉再次登场。战前，他别出心裁地宣布了三个规定：第一，自即日起，全体将士一律"官升三级"并更换番号；第二，抢制军旗，多多益善；第三，每个战士必须单独挖灶做饭，任何人均不得共灶吃饭。

一天早晨，罗炳辉命令部队突围。按照罗炳辉的命令，他的部队呈单兵直线，有意拉长了队形。许多战士高举红旗，手上还拖着树枝。蒋介石派飞机在空中侦察，只见地下红旗招展、尘土飞扬，判断红军应当有数万人。尾随红军之后的国民党军一路看到红军留下的行军灶，向蒋介石报告，预计红军人数在3万人左右。蒋介石据此判断红军主力已突围，下令穷追不舍。

罗炳辉命令：哪座山高就翻哪座山，哪条路险就走哪条路！红军战士轻装上阵，如履平地。国民党军扛着沉重的装备，疲惫不堪。就这样，罗炳辉牵着十几万国民党军绕苏区"游行"了半个多月。国民党军"肥的拖瘦，瘦的拖垮"，丧失了战斗力。等蒋介石发觉上当时，一切都晚了。

后来，罗炳辉率部攻克泰宁，守城敌军向邵武逃窜。罗炳辉部一天之中猛追一百四十余里，出其不意地夺取了邵武，创造了一日连克两城的壮举。美国著名记者尼姆·韦尔斯了解了罗炳辉的事迹后，称他为"神行太保"。从此，罗炳辉"神行太保"的美名就传开了。

1946年6月，罗炳辉积劳成疾，不幸病逝。他是共产党军队在解放战争时期去世的最高级别的将领。苏皖边区政府为了纪念罗炳辉，将安徽天长县改为炳辉县（1960年恢复天长县，现为天长市）。1989年11月，中共中央军委确认了解放军的33位军事家，罗炳辉的名字赫列其中。 ＞华强

第一次反"围剿"时红一方面军发布的"诱敌深入"的命令

中原大战

风云突变，军阀重开战，洒向人间都是怨。

兵马未动，银元先行

1929年1月1日起，国民党南京政府召开了长达25天的马拉松会议。

在会上，蒋介石居心叵测，企图通过军队编遣，消灭冯玉祥的第二集团军，阎锡山的第三集团军和桂系第四集团军。唯独不编遣自己统率的、兵员最多的第一集团军。他要冯玉祥做个榜样，先缩编部队。冯玉祥装病，秘密回到开封。阎锡山眼见蒋介石要拿他开刀，先悄悄溜走了；蒋介石当然不会就此罢休，决定先拿桂系开刀。

当时桂系白崇禧有5个军约三十万人分别驻扎在北平、天津和冀东；李宗仁有4个军在湖北。早在编遣会议前，蒋介石就起用唐生智，让他携带100万银元去瓦解白崇禧的部队。结果桂系中唐生智的旧部纷纷倒戈，白崇禧见大势已去，只得从塘沽登上日轮，转道香港返回广西。蒋介石又用70万银元，通过原桂系失意军人、黄埔军校第一分校校长俞作

柏，秘密策反了李明瑞、杨腾辉两支部队。因为李明瑞等人阵前倒戈，武汉桂系诸军仓促撤出，蒋介石在他们退至荆州后，又派人给这些军的军长们各送去5万元，条件是离开部队。结果桂系几十万军队，未打一枪就瓦解了。在上海的李宗仁也就成为光杆司令，只得悄悄地溜回广西。

冯玉祥印空白告示

当蒋介石领兵向湖北桂系军队进攻时，李宗仁派员与冯玉祥秘密联系，希望联手作战；蒋介石也派员前来请兵讨桂，两家都要拉拢他。

冯玉祥于是兵分为二，一支屯扎于河南信阳；一支屯扎于徐州附近，坐山观虎斗。他打的如意算盘是：如果蒋胜李败，即由平汉线出武胜关直下武汉，跑在蒋介石前面，占领湖北；如果李胜蒋败，那

唐生智东山再起（上图）
唐生智被桂系赶下台，成为孤家寡人，靠蒋介石出钱，一夜之间又当上了第五路军总指挥，统率10万由桂系投诚过来的旧部。

南京国民政府编遣会议各大政要合影（下图）

公元1929年

公 元 1 9 2 9 年

世界大事记

11月，哈里·波立特当选为英国共产党总书记。

人物　关键词　资料来源

蒋介石　冯玉祥

统一　混乱

冯玉祥《冯玉祥日记》
刘红《蒋介石大传》
翊勋《蒋党真相》

中央军一部枕戈待发
1930年5月，中央军一部麇集柳河车站，准备开发前线。

蒋介石在前线
1930年5月，蒋介石亲赴徐州坐镇，并下总攻击令，中原大战爆发，双方在平汉、陇海、津浦各线激战。

么就从津浦线直指南京，在李宗仁还没赶到前，控制中央政府。他还推理：两家火并，必是实力互相消耗，败的固然吃了大亏，胜的也大伤元气，自己就可稳收渔利了。于是他印刷了十万份讨逆布告，但每个"逆"字之前留一空格，倘若蒋胜了即填上"李"字，李胜则填上"蒋"字，讨巧的是，布告里所写的十大罪状，如"屠杀青年"、"压迫民众"、"苛捐勒索"、"卖官鬻爵"、"违背总理遗嘱"、"不守法纪"和"培植私人势力"等等条目，蒋、李双方都有，用在谁头上都适合。

可惜，冯玉祥的政治算盘打得不如蒋介石高明，蒋依靠江浙财阀的支援，用银元收买了桂军将领，迅速结束战事，冯玉祥部队还没有出武胜关，进入湖北境，蒋介石的主力就已占领了武汉，冯玉祥的空白布告，最后都用在了李宗仁身上。

中原逐鹿，蒋军屡败

冯玉祥打的小九九，却落得两头空。他决定自己出兵，攻打蒋介石。西北军吃苦耐劳，蒋介石军队当然不是敌手，但蒋仗着财力，竟用全军军饷的三分之一，即1000

万银元，收买了西北军劲旅韩复榘的13万人。冯玉祥知道韩复榘反水，脸都气白了，只得把军队全缩进了潼关，紧闭不出。

1930年5月，冯玉祥和阎锡山、李宗仁等几个遭蒋介石倾轧的军阀，在郑州举行会议。他们终于联手，组织了讨蒋大军。

蒋介石也全力以赴，却只动员到30万人，不仅数量上只有联军的一半，而且战斗力差。

战争打响了，联军节节胜利。

在东线，晋军由石家庄东进，屡战屡胜，占领了津浦线上的济南，直至大汶口；

在中线，西北军席卷豫东各城，驰骋陇海线东段；

在南线，桂军北上占领长沙、岳州。

中原逐鹿，蒋军节节败退。

6月初的一天，蒋介石为鼓励前线士气，亲自乘专列来归德朱集车站指挥战斗。深夜，西北军骑兵部队在附近袭击机场、炸毁12架飞机。蒋介石急得团团转，命令列车向东撤退。也许因为目标太小，西北军骑兵司令郑大章也

蒋介石率领众人游泰山

实力，行动迟缓，丧失战机，终使西北军停顿下来，让蒋介石有喘息机会组织反攻。

8月15日，晋军在山东大败，丢失济南，9月6日，蒋介石组织各线总反攻；桂军亦放弃岳州、长沙南撤。正当联军处于进退维谷的境地时，坐山观虎斗的张学良突然于9月18日通电宣布拥蒋，东北军大举入关，占领天津、北平。联军溃败如山倒，降的降，散的散。西北军全军覆没，阎锡山退至山西，桂军躲进广西。蒋介石成为大赢家，他见中原大局已定，随即把收拾中原的任务全权交给了张学良，自己匆匆南返。因为他要调兵遣将，到江西"围剿"红军去了。　〉盛巽昌

桂系领袖李宗仁

蒋介石捧出唐生智，用金钱收买归顺桂系的唐部，使白崇禧一夜间变成了个光杆司令，在上海的李宗仁只得溜回广西。

蒋介石和宋子文合影

不清楚蒋介石竟会在机场附近的朱集。他们在完成任务后就走了。蒋介石虚惊一场，总算侥幸避免做俘虏。

蒋介石成为大赢家

蒋介石见各路人马相继溃败，感到大势已去，只得悻悻登上列车，准备全线撤退。正在此时，电讯机关截获密电，石友三向张学良表示投诚，蒋介石当即改弦更张，命令各军固守，并调第十九路军等增援。

这时西北军也出现了危机，由于多次战争损失惨重，加之西北贫乏，兵员、弹药得不到足够补充，而阎锡山怕冯玉祥做大，常常有意拖延供给，又为了保存晋军

成语言　《梅兰芳画传》
《梅兰芳舞台生活四十年》
梅兰芳

梅兰芳　齐如山

才华技艺

人物　关键词　资料来源

梅兰芳访美

朋友帮忙，梅兰芳出访美国

1929年，梅兰芳访日归来，美国驻华公使就找上门来，请他务必赴美国访问、演出。美国学者杜威和胡适、张彭春创办的华美协进社也以民间团体名义发出盛情邀请。杜威还准备好盛大的宴会，且拟好了欢迎词呢。

梅兰芳得到了胡适等朋友鼓励，特别是齐如山的鼎力相助。齐如山有很深的国学造诣，对于京剧艺术也颇有研究。他编撰了向美国民众普及中国京剧知识的《中国剧之组织》，介绍梅兰芳本人的《梅兰芳》、《梅兰芳歌曲谱》以及演出使用的说明书。他还画了脸谱、扮相、行头等两百幅国画，以便美国人了解京剧、认识京剧。其他朋友也尽力支持，作曲家刘天华用五线谱谱写京剧音乐，胡适还将《太真外传》转译为英文。

也有朋友规劝，美国人不懂中国京剧，此去徒劳，得不偿失，最好别去。梅兰芳却说："这次赴美并非为淘金，希望通过演出，能使中国的古典京剧艺术跻身于世界戏剧之林，即使蒙受了重大损失也值得。"

美国之行万事俱备，只差经费。梅兰芳虽然身价不菲，演出都是高报酬，但他要养家，更要承担自己的戏班，逢年过节还要接济同业清贫者，因而一时就难以筹措。

正当大家一筹莫展时，齐如山通过李石曾以及燕京大学校长司徒雷登等往返奔走，募捐到5万美元；上海的中国银行董事冯幼伟、吴震修和钱新之等银行界朋友也送来了5万美元。按理，这笔钱足够梅兰芳等一行人在美国的花费了。

可是，就在梅兰芳动身前夕，美国爆发了金融危机，货币贬值，物价飞涨，这样这笔钱又不够了，幸好冯幼伟又筹集了5万美元。

梅兰芳首次访问美国，长达72天。他的演出受到美国朝野极大欢迎，在美国掀起了梅兰芳热。他使美国民众了解到中国也有非常美妙、高超的文化艺术。

演出成功，观众反响热烈

1930年1月底，梅兰芳率团到达美国。

早在到达美国前，他的名声就已传开了。为了迎接梅兰芳，除美国总统胡佛外的其余政界要员、社会名流以及各国的大使，能去的几乎都去了。胡佛因在外公干未能赶来，还特意嘱咐中国公使伍朝枢，希望梅兰芳能在华盛顿再待两天，等他回来。

梅兰芳虚怀若谷，在离正式公演前的三天里，他请

梅兰芳抵达美国（上图）
图为他走下"加拿大皇后"号轮船时的瞬间。

舞台上的梅兰芳（左图）

人们称他为"梅博士"

美国波莫纳学院和南加利福尼亚大学分别授予梅兰芳文学博士学位。从此人们谈起梅兰芳有了习惯称呼：梅博士。当时梅兰芳仅36岁。

齐如山、张彭春合议，审定演出节目。根据美国观众的喜好，他们挑选了《贵妃醉酒》、《汾河湾》、《打渔杀家》、《霸王别姬》和《刺虎》等剧目。2月17日，梅兰芳在纽约戏院公演，首场就大获成功，最后一出《刺虎》结束后，谢幕竟达15次。开始有几次，他是着戏装到台前答谢。梅兰芳卸妆后，帷幕外仍有观众的掌声，他只得着长袍马褂，一而再，再而三地出台致谢。观众发现原先舞台上的那位柔声细语、婀娜多姿的东方美人竟是男人扮演时，更加热烈、疯狂。

梅兰芳在纽约演出两星期，场场满座，门庭若市，票价5美元，被黑市炒到18美元，就这样还买不到呢。两星期不够，又加了三星期，在纽约的最后一场演出结束后，观众有秩序地上台与他握手告别。可是梅兰芳握了十几分钟，观众仍是一列长队，蜿蜒不断。原来是许多人握手之后又重新排队上来握手呢。

场面之宏大，观众之热情，都令梅兰芳感动不已，出访前的疑虑也渐渐消失了。梅兰芳又先后赴芝加哥、旧金山和檀香山演出。在檀香山他还应邀到当地土著民族处参观，土人用自己的语言创作了一首《欢祝梅兰芳成功歌》表示欢迎。

荣获博士头衔

当时中国对戏剧演员的称呼，仍是循旧例叫"戏子"、"老板"、"小友"，即使对梅兰芳那样的大家，也是称"梅郎"、"艺士"，听起来多少有点不礼貌。只有像胡适、齐如山等文化人才称他是"先生"。在美国期间，梅兰芳所到之处，听到的都是"艺术使节"、"最杰出的演员"和"罕见的风格大师"的赞誉，这使他和剧团成员颇感欣慰。

就在梅兰芳停留洛杉矶时，当地的波莫纳学院鉴于他的艺术成就，要授予他"文学博士"荣誉学位。谦虚的梅兰芳表示不敢当，准备谢绝。齐如山认为应该接受。他说："如今你有了博士衔，那么人们都得称你博士了，既自然又大方，何乐而不为呢？"梅兰芳这才同意。他觉得这是西方人对中国京剧的认可。波莫纳学院院长晏文士博士得悉梅兰芳愿意接受，大为欢喜，亲自前来迎接，陪他走上学院礼堂。梅兰芳戴上博士帽，穿上博士袍，披上博士带，接过文学博士学位证书。晏文士还高度赞扬梅兰芳，说他此行传播了东方灿烂的艺术，联络了美中人民之间感情，沟通了世界文化，接受博士学位是当之无愧的。

几天后，梅兰芳又应南加利福尼亚大学邀请，到那里欣然接受了该校颁发的文学博士学位证书。　》盛巽昌

饰演《霸王别姬》虞姬一角的梅兰芳

公元1929年 公元 1 9 2 9 年

世界大事记

11月，联共（布）中央开除布哈林出中央政治局。本年，联共（布）清党，10%党员被清除。

《毛泽东题词趣谈》 梁瑞郴 游和平

毛泽东 古柏

务实 民本

人物 关键词 资料来源

毛泽东寻邬调查

红四军下井冈山后占领了不少城镇，这促使毛泽东迫切感到制定城镇管理政策、方针的必要性，因此对城镇的商业、手工业做了细致、深入的调查研究。

探访"寻邬通"

1930年5月，红四军由闽西回师赣南，攻克了位于闽粤赣三省交界处的寻邬县城。

毛泽东策马进城，向老朋友、中共寻邬县委书记古柏提出，要作些社会调查，了解城市民众生活状况，以便制定切实可行的政策，请古柏帮忙找几位熟悉情况的"寻邬通"，开几个座谈会聊聊天。

第二天，古柏带毛泽东找了杂货店老板郭友梅。郭友梅祖孙三代，已在寻邬做了一百多年的生意。回来的路上，古柏又向毛介绍了小学教师范大明。范对大革命前后的城镇居民甚为清楚。

毛泽东不胜欢喜。第二天，就请郭友梅、范大明两人来到自己住处天主堂，向他们详细询问：寻邬城有多少行业？多少家大小商店？这些行业、商店是怎样发展起来的？店主的政治态度如何？毛泽东还认真地

瑞金白塔

倡导"没有调查就没有发言权"的毛泽东（中图）用铅笔做了记录。

虽然郭友梅、范大明两人知无不言，但毛泽东仍感不足。第二天，他干脆搬出天主堂，住到南门外一幢民房里，又先后找了做过小商贩的、县署钱粮兼征柜办事员、开过赌坊的、做过小生意的贫民、学校师范生、考中过乡试秀才的小学教师等人座谈，在毛泽东主持下，大家都畅所欲言。

毛泽东白天召集群众开座谈会，晚上则在油灯下梳理记录。

闲话"等郎嫂"

毛泽东仍不满足。

他又用了二十多天时间，走进商店、作坊、集市，找商人、工人、农民、小贩、游民谈话，广泛了解各行各业。

一天，毛泽东在调查时，问某家店主："听说你家店

毛泽东《调查工作》

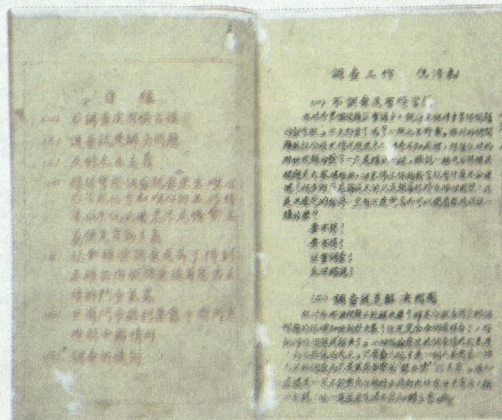

刻有"完成土地革命"的竹筒

号有雇工，还有一种叫'等郎嫂'的，是吗？"那店主说："有是有的，不过我这店里没有。"毛泽东笑着问："你说说这'等郎嫂'是什么意思？"店主说："有的店主嫌人手少，便花钱买个小姑娘帮工。店主还没有小儿子，要等老板娘把儿子生下来才能结亲，这就叫'等郎嫂'。"古柏在旁解释说："这在外地就是童养媳嘛。"

毛泽东点点头，记在本上，他后来还和古柏说："你这个小小的寻邬县，真不简单，还有什么'等郎嫂'，名堂真不少呢！"

撰写《调查工作》

1932年2月，毛泽东将在寻邬的调查笔记整理成一份近十万字的材料，这就是《寻邬调查》。经过调查，他掌握了小城镇商业状况、分配土地的基本情况，为制定正确的城市政策提供了实际依据。毛泽东决意写篇调查报告，给当时那些头脑发热到40℃的同志，洗洗冷水澡，让他们清醒一下头脑。

这篇调查报告，毛泽东开门见山取名为"调查工作"。

位于江西溪陂古村的毛泽东故居

溪陂古村位于江西吉安富水河畔，毛泽东故居即位于此古村中，故居上有一联："万里风云三尺剑，一庭花草半床书"。毛泽东深为欣赏此联。

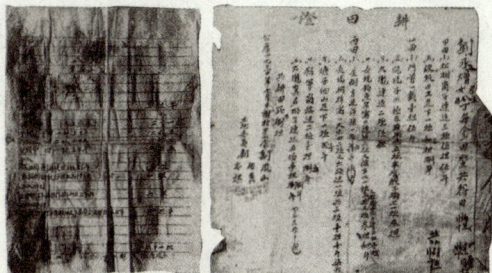

各革命根据地的土地证章

当这篇文章编进《毛泽东著作选读》（甲种本）时，毛将它改名为"反对本本主义"，还专门写了一段按语："这是一篇老文章，是为了反对当时红军中的教条主义思想而写的，那时没有用'教条主义'这一个名称，我们叫它做'本本主义'。" 〉盛巽昌

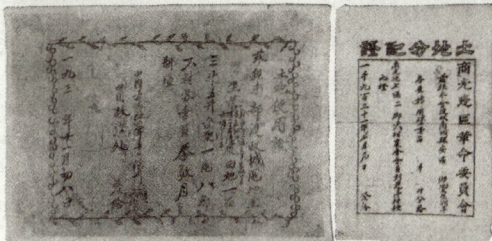
兴国冰心岩

这篇调查报告得出一个重要结论："没有调查，没有发言权"，"调查就是解决问题"。这本小册子，曾在中央苏区和红四军中油印多册。令人惋惜的是，由于战争干扰等原因，这本小册子竟然失传了。

1961年1月的一天，北京中国革命博物馆收到来自福建的一封信，打开一看，里面竟是一份油印的《调查工作》，是由上杭县茶山乡官山村农民赖茂其捐献的。

当毛泽东见到这份旧作时，喜出望外，他激动地说："找到它，就像找到我失散的孩子一样重要。"1964年，

〉历史文化百科〈

〔裁撤厘金〕

国民政府建立初期的一项税制改革。

厘金是19世纪五六十年代始实行的税制，所谓"雁过拔毛"，各地于来往道口设卡凡过境即抽税。税率1%—5%，1912年全国有厘金局735处。从晚清到民国初，民众多次提议裁撤。1928年10月民国政府在进行货物税改革时，规定：田赋交由各省征收，厘金改作国家收入。同年7月开征糖类税、织物税和出厂税作为裁厘后国家收入补充来源；委托各省财政厅开征油类、茶类、家畜、皮毛、大豆、棉花、药材、锡箔、各种矿物等16种消费税作为过渡。1930年1月发表声明，以同年10月为期，废除厘金。后在1931年1月才正式废止厘金。

恽代英在狱中

直抒己见，贬为区委书记

恽代英是位非常有才气的共产党人。他虽身处逆境，仍勤勤恳恳与工人打成一片。在被捕后更是坚贞不屈，堪称世之精英，国之楷模。

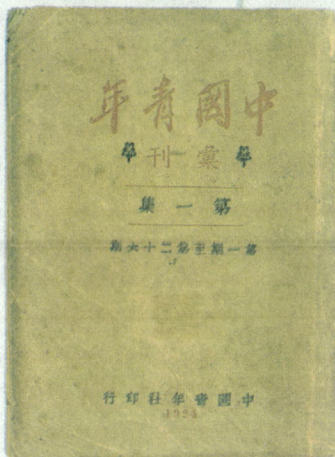

1930年，中国共产党中央的决策权由中央政治局常委李立三把持。他在会议上多次与中央委员恽代英发生争论。争论的焦点，就是毛泽东提出的从农村包围城市战略是否适合中国国情的问题。

恽代英很赞同毛泽东的说法和做法，而李立三却说这是一种农民观念、地方观念、保守观念。他慷慨激昂地批评恽代英没有看到全世界帝国主义已经没落；还说，革命高潮已经到来，应该立即夺取上海，夺取广州，夺取武汉。

恽代英不同意李立三的说法，认为这是盲动主义，是儿戏。

李立三勃然大怒道：像你这种人这样右倾，是不应该留在领导机关的，应该到基层去接受教育。

就这样，恽代英被贬到沪东任区委书记。他为了接近基层群众，每天穿着工人破旧的短衫裤、旧皮鞋，而且在外出时不戴眼镜，不佩水笔，以便和工人阶级打成一片。他还经常到杨树浦地区的纱厂、铁厂和发电厂了解工人生活状况。

高度近视，误闯警戒线

5月6日，恽代英带着一包传单，匆匆赶往老怡和纱

《中国青年》创刊封面（上图）
《中国青年》为中国共产主义青年团机关刊物，主编恽代英。他在刊物上发表了大量的指导青年和青年运动的文章，深受青年欢迎。

厂（解放后的上海第五毛纺厂）。当他走到杨树浦许昌路，快接近厂门时，突然碰到英国巡捕房拦路抄靶子（搜查行人）。恽代英本是高度近视，外出行走又不便戴眼镜，没看清楚前边巡捕正在搜查行人，竟闯进了搜查的警戒线，当他看到巡捕时，想退回已来不及了。巡捕们见他是工人装束，手里还有一个大纸包，便赶上来搜查。恽代英见无法脱身，就和巡捕扭打起来。在扭打过程中，他有意让自己的脸被打伤、打肿、淌下血来，用布巾扎后，旁人就不识他的真面目了。

恽代英被关押在提篮桥巡捕房，租界巡捕见他身着短衫，却带有眼镜、自来水笔，还有一包传单，怀疑他在搞工人运动，因而第二天就把他引渡到国民党上海警察局。警察局也没有审出结果，就转移到龙华淞沪警备司令部，由军事会审法庭审讯。

因为恽代英回答得有条有理，措词周密，无懈可击，法庭只能凭那包来历不明的传单判处他五年徒刑。

豪情万丈，从容赴刑场

恽代英被

常州三杰之一的恽代英
恽代英和瞿秋白、张太雷被誉为"常州三杰"。恽代英在五四运动时期，于武汉创办利群书社，传播先进思想。

世界大事记

本年，苏联科学家齐奥尔科夫斯基提出多级火箭的结构原理，以多级火箭克服地球引力获得进入宇宙空间所需的速度。

毛泽东 古柏　　务实 民本　　《毛泽东题词趣谈》梁瑞郴 游和平

人物　　关键词　　资料来源

恽代英与团中央扩大会议部分与会者合影

1924年3月，中国社会主义青年团第二届中央扩大会议部分与会者在上海合影。左起：前排：1为卜道明、2为阮啸仙、3为陆沉、4为夏明翰、5为邓中夏。后排：1为刘仁静、3为黄日葵、4为恽代英。

学习文化的小册子、工人课本、革命歌词，甚至还和一位四川难友编了一册《土话大辞典》。在听到战友林育南、李求实和左联作家柔石、胡也频等在龙华监狱被杀害的消息后，恽代英悲愤填膺，当即在墙壁上题了一首七绝：

浪迹江湖忆旧游，故人生死各千秋；

已摈忧患寻常事，留得豪情作楚囚。

后来陈赓被捕，也被关押在这间牢房，他读了此诗，遂步前韵题壁：

沙场驰骋南北游，横枪跃马几度秋；

为扫人间忧患事，小住南牢试作囚。

恽代英囚诗被人们反复传抄，争相吟诵。10年后，周恩来在重庆八路军办事处时，也多次将它抄赠给身边的工作人员。

押解到苏州监狱服刑，第二年又转押南京监狱。这时，经过周恩来等人的努力，以失业工人王作林化名的恽代英将要被提前释放。

当时，恽代英虽然肺病复发，身体虚弱，但仍精神饱满地领导难友们进行斗争和学习。他常说：出狱后，我们要做的事很多，所以还必须提高自己的文化水平。他编写

不幸的是，党中央特科负责人顾顺章叛变后，出卖了在狱中的恽代英。恽代英坚贞不屈，从容走上了刑场。》盛巽昌

恽代英手迹
1924年国共第一次合作期间，恽代英致上海民智书局信。

> **历史文化百科**

〔包身工制和抄身制〕

旧中国工厂对工人实行的侮辱性制度。

包身工制，最初见于日本在华纱厂，后风行于全国纱厂、丝厂。由包工头诱骗、招募女孩子，在一定时期（通常为三年）拥有人身支配权，仅提供最低劣的生活条件，占用她们的全部劳动所得，通常要做足12小时以上的工。包身工上下班押送，住所有人看守，不许回家和家人看望，且可由包工头任意打骂凌辱。夏衍的《包身工》即生动记录了包身工们的悲惨境遇。

抄身制，即搜身制，是对工人的一种人身侮辱，首先实行于外国在华企业，后中国工厂也采用，主要是纺织厂、烟厂和矿场，对象是女工。有的工厂还为此设有专门旋转栅门，工人出厂须依次通过，听候搜身。

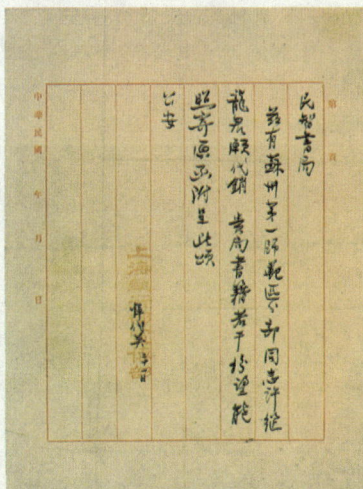

〇一四

台湾雾社起义

台湾雾社原住民的反日起义，英勇悲壮，令人肃然起敬。

殖民者横行霸道

雾社位于台湾省中部，东有海拔三千三百多米的能高山，西南邻近风景秀丽的日月潭。很早以前，这里就居住着高山族分支泰雅族的马赫坡、勃阿伦等12个部落，约五百多户人家，两千多人口。

1895年，日本强迫清政府割让台湾。不久，即实施对山地原住民的征服计划。先是埋地雷、设置电网加以分隔，继而动用军队、警察进行"讨伐"。经过血腥征服，日本逐步在原住民居住地区建立起殖民统治，并开始对这些地区进行极为残酷的剥削和掠夺。

雾社地区森林资源十分丰富，为掠夺山里的资源，日本殖民当局修建了铁路和公路，设立了警察分局和派在所，慢慢地，雾社小镇成了日本人掠夺资源、欺压山民的天下。在殖民者眼里，台湾山地原住民是"蕃人"、"野蛮人"，警察可以干预一切，可以任意搜身、辱骂甚至毒打。山地原住民被迫从事修路、建桥、伐木、运输等苦役，而少得可怜的一点工钱还要被警察克扣。一些好色的警察，更是随意欺侮、奸淫原住民妇女。有的警察娶原住民妇女为妻，一旦调任，即将其抛弃，对这些"草地皇帝"，原住民恨之入骨。

日军向雾社的山地部落炮击

婚礼受辱，发动起义

高山族人主要靠狩猎与农耕为生，历来视森林为圣地，视巨木为守护神，而日本殖民者为了建造神社，强迫他们破坏森林，砍伐巨木，由此引起山民的恐惧和仇恨。更有甚者，日本殖民当局为了掠夺山区土地和山地资源，还要强行将山民们迁出山地，于是积怨越来越深。

莫那鲁道是一位抗日老英雄，在当地颇有威望，他的儿子达拉奥曾经走出过台湾，见过世面，因此反抗的思想更加强烈。其实，早在日本殖民统治建立之初，民风剽悍的高山族就有过抗日的历史，他们曾协助徐骧、

雾社起义的发动者莫那鲁道 (中)

陈小冲《日本殖民统治台湾五十年史》

英勇 壮烈

莫那鲁道

莫那鲁道

人物　关键词　资料来源

台湾高山族抗日民众
高山族部落民风强悍，自甲午战争后，长年累月与日本殖民当局作不屈的斗争。

刘永福领导的抗日队伍，后来又帮助过柯铁领导的铁国山抗击日军。

1930年10月7日，达拉奥举行婚礼，恰巧日本警察吉村途经这里。达拉奥友好地上前敬酒，这本是当地尊敬客人的一种礼节，没想到骄横的吉村竟用手杖将酒碗打掉，还挥舞舞手杖打人。达拉奥受此侮辱，怒火中烧，他和弟弟一起把吉村痛打了一顿。第二天，达拉奥被警察分局拘押拷打，莫那鲁道本想息事宁人，他带着礼品亲自去向吉村赔礼道歉，可是吉村不依不饶，口口声声称要严办。莫那鲁道料想日本人决不肯善罢甘休，于是就下决心发动起义。

莫那鲁道秘密联络了部落头领，定于10月27日起义。这一天，是日本白川宫能久亲王遭义军重创而亡的日子，被殖民当局定为"台湾神社祭"日，雾社的小学每年在这一天都要举行运动会，周围的日本人都要来参观和集会。

凌晨3时，起义民众三百多人分路袭击了马赫坡、勃阿伦、荷戈等处的派在所，杀死了一向作威作福的日本警察，切断了电话线，破坏了桥梁，然后又占领了雾社邮

雾社起义纪念公园
公园中间醒目的雕像是泰雅族首领莫那鲁道，四周种满樱花，冬末春初花开时，景色很是漂亮。

局和日本人的公司、宿舍。8时，运动会准时开始，正当全体起立举行升旗仪式时，只见一名原住民青年提刀冲向"来宾席"，刹那间，台上一日本高官人头落地。在场的日本人都惊呆了，尚未明白是怎么回事，起义队伍已冲入操场，这些日本人统统成了刀下鬼。

这场战斗，共杀死134名日本人，缴获步枪一百三十余支，机关枪一挺和子弹二万多发。莫那鲁道迅速派人

雾社起义失败后，日军大肆逮捕当地民众

破坏了附近铁路，并在进山必经之地设置工事，以防备日军的报复。

惨遭报复，拼死抵抗

日本驻台湾总督府闻知此事，迅速调集了三千多军警进行讨伐。日本政府接到报告后，也紧急增兵台湾。日军先以飞机大炮猛轰马赫坡、罗得夫、荷戈等部落，然后让步兵发起冲锋。起义民众依靠断墙残壁，在枪林弹雨中与日军殊死搏斗。

激战至11月3日，各部落相继沦陷，起义民众撤到山地继续战斗。山地战使高山族猎手大显神威，日军不敢冒进，竟向山上施放毒气，伤亡惨重的起义民众只得退往深山密林，一些妇孺老弱，为了坚定亲人的决心，纷纷自缢身亡。

莫那鲁道率众退入山中的岩洞，这个岩洞易守难攻，有水又储备着粮食。日军重武器无法施展，于是派人前去招降，招降不成，又挑动其他原住民部落前来进攻，结果还是不能奏效。日军气疯了，用飞机投下八百多枚毒气弹。起义民众损失惨重。12月1日，莫那鲁道走入

密林自杀，其他勇士也纷纷剖腹自尽，起义最终失败。

为了杀一儆百，日本殖民者不但把起义部落夷为平地，还屠杀了许多无辜民众，砍下他们的头颅示众。原有一千四百多人口的马赫坡只剩下了五百余人，可日本当局还要斩尽杀绝，最后仅剩230人，其中泰雅族谢塔喀分支惨遭灭绝。

"碧血英风"，永励黄魂

雾社起义是中华民族反侵略斗争的一部分，是台湾人民抗日史上的光辉篇章。

现在的雾社已经成为"大同村"，然而许多遗迹，仿佛在述说当年的悲壮，供人们访古凭吊。在雾社入口处，如今有一座观樱台，台上矗立着一座高大石坊，名叫褒义坊，上面题有"碧血英风"四个大字。坊柱的对联，镌刻着人们永远的怀念：

抗暴歼敌九百人壮烈捐生长埋碧血，
褒忠愍难亿万世英灵如在永励黄魂。

〉廖大伟

〉历史文化百科〈

〔日本对中国台湾民众奴化教育〕

1919年10月，日本殖民当局改军人体制为军政分立制，派出文职总督实行同化政策，其中最重要的就是推行奴化教育。

奴化教育，在初等教育上推行普及日语教育，学校禁止使用汉语，中等教育限制中国学生所学专业；高等教育排斥中国人，帝国大学（即后来的台湾大学）日籍学生占80%。教学内容传播日本殖民文化，以根除中华民族文化影响。

1936年，日总督小林跻造推行"皇民化运动"，根除台湾民众的祖国观念，进一步推行日语，连居住在山区的高山族也都必须使用日语，并强制中国人生活习俗日本化。

裴之倬《邓小平传奇》
《邓小平人生纪实》

正直 细心

邓小平 毛泽东

人物   关键词   资料来源

○一五

县委书记邓小平

邓小平在瑞金卓有成效的工作，为瑞金定为中华苏维埃共和国首都打下了良好的基础。

人们称他"包公再世"

1930年8月，邓小平从上海进入江西苏区。

他来到瑞金，受到赣东特委书记谢唯俊和苏区中央局巡视员霍步青的热烈欢迎。原来暂由中共闽西特委领导的瑞金县委，在赣东特委成立后又划归回来，谢唯俊、霍步青在检查时，发现县委书记李添富以大肃"社会民主党"为名草菅人命，闹得人心惶惶。他们想解决，又缺得力干部。正好邓小平来了。

邓小平当即被任命为瑞金县委书记，并商定在处理李添富后再公布职务，现在先以赣东特委巡视员身份出现于民众中。

经过十天细察，邓小平很快就查明李添富罪行，其中就包括随意捕杀干部、党员，凡是有点文化的，即被认定是"社会民主党"杀害，总计被杀害者多达435人，包括县级领导干部28人，区乡级干部72人。好好的一个县委机关，只剩下李添富等三四个人，区委、乡村干部

时任瑞金县委书记的邓小平（左图）

"一顶红军留下的八角帽"（下图）

中华苏维埃临时中央政府大礼堂旧址。1933年8月兴建，由钱壮飞工程师设计，从福建调动了四百多个建筑工人建造。占地面积1500平方米，造型为八个角，从高空俯视，犹如一顶红军的八角帽。当地人称是"一顶红军留下的八角帽"。大礼堂可容纳二千多人开会。1934年春，第二次全国苏维埃代表大会就在这里召开。

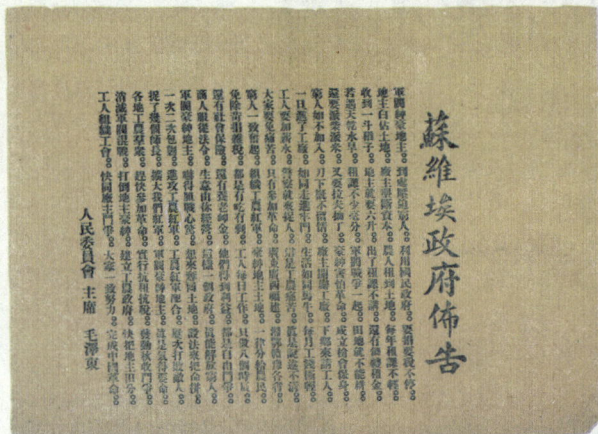

苏维埃政府布告

苏维埃全国代表大会选举了中央执行会，作为大会闭幕后的最高政权机关，下设的人民委员会即为最高的行政机关。图为由人民委员会主席毛泽东署名的布告。

全都没有了。

邓小平当即亮出身份，召开大会，揭露和逮捕李添富，公审处决；同时还公布了三条政策：

一、立即停止杀人；

二、一律不抓；

中共苏区代表大会

1931年11月5日，中共苏区代表大会在瑞金召开，在此后第三天召开了中华苏维埃代表大会。图为大会会场。

三、关押在狱的，一律释放。

监狱里当即放出了三百多名"社会民主党"分子，当他们从鬼门关活着回家时，瑞金全县沸腾了，人们异口同声称邓小平是"包公再世"。

让毛泽东一改初衷

邓小平在瑞金一个月，迎来了毛泽东和朱德等人。这是邓小平第二次与毛泽东会面。早在1927年召开的"八七会议"上，两人就已见过面，虽然认识但未交谈。

毛泽东等要去福建长汀建立红军总部和筹备中华苏维埃共和国，途中路经瑞金叶坪村，决定暂住几天。邓小平趁毛泽东等在叶坪的几天里，汇报了瑞金的情况。谢唯俊也谈了赣东特委所辖各县的情况。

毛泽东、朱德等都听得津津有味。他们经过比较、分析，认定瑞金政局稳定，全县都已经赤化，全面分配了土地，且瑞金物产丰富，运输便利，离中心城市遥远，周围没有敌人重兵，就是指挥各路红军，瑞金亦较长汀为宜，于是最终决定在瑞金成立中华苏维埃共和国。

在苏区中央和红军总部迁驻叶坪后没有几天，邓小平就在瑞金县城组织召开了五万人的祝捷大会，庆祝红

中华苏维埃政府成立时的红军检阅仪式

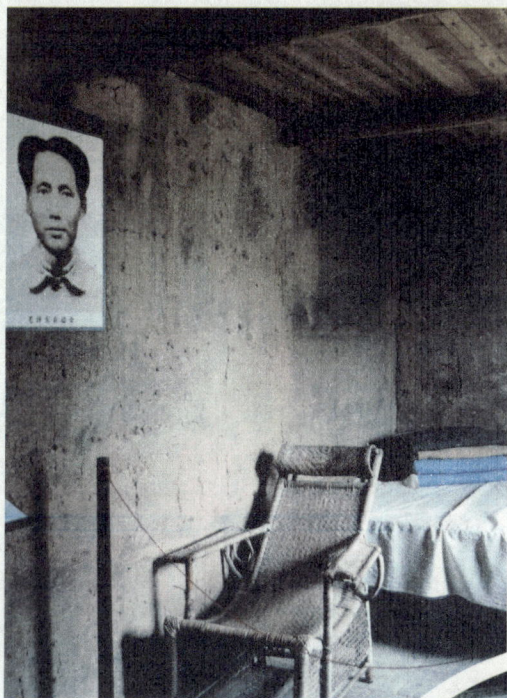

中华苏维埃政府主席毛泽东的办公室

军第三次反"围剿"的伟大胜利。

为了保证祝捷大会顺利召开，邓小平为此日夜操劳。由于当时条件十分艰苦，没有扩音设备，因此大会分设在四五个会场。邓小平是大会的主持人，他陪同毛泽东到各个会场讲话。当时的会场，红旗标语如海，口号声、欢呼声响成一片，整个瑞金的革命热情被推向了高潮。

筹组苏维埃共和国

中央苏区代表大会在紧急筹备。邓小平建议以谢氏祠堂为大会会场被采纳后，就立即作了改建。出席大会的将有五六百名代表。邓小平要尽地主之谊，需和县政府人员妥善安排他们的吃和住。叶坪是个小村，他们就在叶坪周围几个乡，筹备了一些食品，还和接待处负责人毛泽民、康克清、贺子珍等，赴叶坪、泽溪、黄埠头、合龙和沙洲坝等村落，逐村逐屋查看，动员民众腾出场所，摘下门板为代表搭铺。

大会断断续续先后开了14天，中华苏维埃共和国成立了，毛泽东当选为主席。

建国之夜，邓小平也是十分忙碌，他精心组织四乡民众，提着各色各样的灯笼，高举粗粗细细的火把，吹奏唢呐，敲锣打鼓，夕阳西下，有如几十条火龙蜿蜒，自四面八方拥向叶坪村。它就是当时著名的"提灯晚会"。

每个乡前来庆祝的队伍都有四五百人，队伍里有赤卫队员，也有妇女和少先队员。最先走进会场的是合龙乡队伍，走在前面的是人手一盏标语灯，后面是民众锣鼓队，提着一百五十多盏马灯。邓小平在会场奔进奔出，有条不紊地安排各支祝贺队伍。

毛泽东和项英、任弼时、朱德、周以栗、曾山、陈正人等大会主席团成员，在会场热烈欢迎进来的每一支队伍。 〉盛巽昌

瑞金中华苏维埃政府礼堂内景

〇一六

"一苏大会"

1931年11月7日至20日，中华苏维埃第一次全国代表大会在江西瑞金叶坪村举行，会议简称"一苏大会"。来自闽西、赣东北、湘赣、湘鄂西、琼崖和中央等根据地，红军部队以及在国民党统治区的全国总工会等610名代表出席了大会。会议另有列席代表500人。

11月7日黎明，红军在瑞金叶坪村举行了雄壮的阅兵典礼，一队队整齐的红军队伍早已整队完毕，等候红军首长的检阅。受检红军部队的四周围满了看热闹的老百姓。朱德、毛泽东等在老百姓的欢呼声中登上主席台，在总参谋长叶剑英的陪同下骑马检阅了部队。

下午，"一苏大会"隆重开幕。主席台上方挂着"中华苏维埃第一次全国代表大会"会标，正中悬挂着马克思和列宁巨幅画像。主席台两侧用青松翠柏扎成彩门，上面挂着一副对联：

镰刀劈碎旧世界

铁锤打出红江山

红军队伍和来自方圆几十里的老百姓涌进会场，会场上人声鼎沸。朱德担任会议主席，他庄严地宣布："第一次全国苏维埃代表大会现在开始！我宣布，中华苏维埃共和国临时中央政

中华苏维埃二大的代表证

中华苏维埃中央政府成立

1931年9月，红军取得第三次反"围剿"的胜利，将赣南、闽西两个革命根据地连成一片，建立了中央革命根据地。

中华苏维埃共和国中央执行委员会印章（中图）

府今天正式成立了！"全场掌声雷动，鞭炮齐鸣。

会议期间，毛泽东作了关于政治问题的报告，朱德作了关于红军问题的报告。大会通过了《中华苏维埃共和国宪法大纲》以及《土地法令》、《劳动法》等有关经济政策的文件。

授旗授章典礼

11月19日，大会进行选举。

"一苏人会"主席团值日主席摇铃："开会了，开会了！请大家进会场。"代表们陆续走进会场。会议主席团代表资格审查委员会主任委员周以栗向到会代表一一介绍了63位候选代表。每提到一个代表的名字，代表站起来向大家致意，周以栗简单地向大会介绍他们的履历。选举进行了整整一个上午。会议选出毛泽东、周恩来、朱德、刘少奇等63人为中央执行委员，组成中华苏维埃共

中华苏维埃共和国临时中央政府布告（第一号）

公元1930年　公元1930年

世界大事记　2月18日，美国洛威尔天文台C.W.汤博发现冥王星。

王建伟 文忠民《军旗飘飘》
《中共党史事件人物录》

毛泽东 邓小平 项英

正直 细心

人物　关键词　资料来源

苏区中央局委员合影
左起：顾作霖、任弼时、朱德、邓发、项英、毛泽东、王稼祥。

和国执行委员会。

11月20日是会议的最后一天，这天凌晨举行了隆重的授旗授章典礼，以表彰红军指战员在革命战争中的功绩。

授章典礼由大会常务副主席项英主持。项英宣布授第一军、第二军等部队奖旗，授毛泽东、朱德、彭德怀、方志敏等8人奖章。当项英将奖章一一别在8个代表胸前的时候，会场上锣鼓声、唢呐声交织在一起，100多个红军号手挺胸叉腰，吹起了嘹亮的军号。毛泽东、朱德等向大家致礼，最后由毛泽东作闭幕词。在锣鼓声、唢呐声和军号声中，会议闭幕。

11月27日，在叶坪村的一个小树林子里，召开了中华苏维埃共和国中央执行委员会第一次会议，会议选举毛泽东为中央执行委员会主席，项英、张国焘为副主席。从此，大家不再称毛泽东毛委员、毛政委，而改称毛主席。会议决定中华苏维埃共和国临时中央政府设在瑞金，瑞金定为首都并更名为"瑞京"。新生的中华苏维埃共和国当时下属21个县，人口约有250万。

袖珍政府

"一苏大会"结束后，总务厅奉毛泽东命，将大会堂分隔成15个小房间，用作各部的办公室和项英等人的卧室。办公室的门口挂着小木牌。

有一天，毛泽东和项英来到大会堂，走到一个小房间门口，说："哦，这是外交部，王稼祥，你是我们的第一任部长呀！"王稼祥说："现在哪有什么外交呀，就是挂个牌牌。"毛泽东说："这可不对哦，中华苏维埃共和国成立以后要与苏联打交道，还要和侵略我们的日本打交道。外交工作多着呢！"

毛泽东又走到挂有"财政部"的小房间前："财政部怎么没有人？要赶紧通知邓子恢部长走马上任。"

毛泽东走到"工农检察部"，部长何叔衡迎上来："毛主席好！项主席好！"毛泽东说："你这个部长担子不轻啊，还要兼临时最高法庭的主席呢！"

毛泽东、项英在大会堂转了一圈，没有看到教育部，问："教育部到哪里去了？"工作人员报告说："教育部人多，这里的小房子住不下，安排在列宁师范学校附近去了。"毛泽东十分感慨地说："是呀，我们的办公室实在太小。山不在高，有仙则名；水不在深，有龙则灵。我们的办公室是在田间，在战场，那是我们真正的办公室！"

1933年初，中共临时中央负责人博古、张闻天、陈云沿着周恩来进入苏区走过的秘密通道，从上海来到红都瑞金，中央革命根据地成为中国革命真正的中央。

〉华强

〇—七

红军第一座无线电台

油桐树叶传捷报

毛泽东非常重视无线电通讯设备，几次嘱咐红四军参谋处长郭化若，在收缴战利品时，要注意保护缴获的电台。

土地革命战争初期，红军还没有无线电通讯设备，当时通讯联络全仗交通员四处奔跑，传达命令和指示。后来，从敌人那儿缴获了电台，俘获了相关技术人员，从此红军就有了"千里眼"、"顺风耳"。

文家市战斗中，果然缴获了一台，不料有个战士听见壳子里发出"嘀嗒"、"嘀嗒"的声响，以为是定时炸弹，把它打烂了。毛泽东知道后，懊悔不已。

于是，他又关照郭化若，在下达作战命令时，必须附加一条：各路红军务必注意收集无线电台和俘获无线电人员。

1930年12月30日，红四军在龙冈全歼张辉瓒全军。毛泽东、朱德接到交通员快马飞递来的前线捷报，捷报写在油桐树叶上。由于前线指挥员军务繁忙，来不及详写报告，只写了"活捉张辉瓒"五个字，毛泽东想要是有座电台就方便多了。

之后，参谋处长向毛泽东报告，张辉瓒连同他的马夫、伙夫，全都被俘虏了，还俘获了他的无线电台的十个成员，其中有台长王铮、报务主任刘寅，缴获的几台发报机又被不知情的战士打烂了，只剩一台收报机还可用，但终究是个收获。

毛泽东当即嘱咐说："这些人都是宝贝，要好好优待；做好教育工作，争取他们参加红军，为我们服务。"

"半部电台"派用场

经过红十师师长王良、政委李赐凡的教育，王铮、刘寅等10名无线电台人员都愿意加入红军。

红军派十师秘书长欧阳毅做他们的政委，和他们一起带着收报机等去红军总部宁都小浦。途中道路崎岖，为了优待无线电人员，有高度近视的欧阳毅以身作则，亲自肩挑收报机，以至肩膀都压肿了，王铮等见了，很受感动。后来幸亏路上遇到红四军辎重部长赵尔陆。赵尔陆笑着说：哪能让政委当挑夫的？说罢忙派了挑夫帮忙。

1931年1月4日，毛泽东在总部接见了王铮等电台人员。第二天，他们就架起了这部只能用于收报的电台，抄收国民党中央通讯社的文字广播，监听国民

红军长征中用过的电话机（上图）
红军无线电台工作人员（左图）

刘洋林《伟大的历程——回忆战争年代的毛主席》
高宝新《碧血丹心》
欧阳毅《欧阳毅回忆录》

毛泽东 王铮　技艺 诚意

人物　关键词　资料来源

党军队动向。他们以娴熟的抄报技术，全文抄下新闻电稿，并凭专业技术将数字电码译成文字电稿，及时地送给毛泽东、朱德和其他领导人阅看。

当中央苏区还没电台时，毛泽东和红军要知道敌情，以及在上海的党中央机关安危、其他各处红军武装动态等等，非常困难，只有派人到白区收集报纸。但往往因延误时日，失去了时效性。

现在好了，毛泽东足不出门，就能从每天送来的新闻稿中得悉情况，掌握走向。这令他大为高兴。

1月7日，红军在东韶打垮谭道源师，又缴获了一座15瓦功率的电台，毛泽东决定成立无线电队，任命王铮为台长，冯文彬为政委。

找到"鲁班石"，空中架桥梁

初次体会到无线电台的便利，红军大受裨益，决定要强化无线电通讯。

1931年1月10日，由王铮等创办的无线电训练班开学了。毛泽东经常前来讲课、谈话。

一天，毛泽东在课上勉励电台学员："做任何工作，都应该知道它的重要性。你们是革命的'千里眼'、'顺

位于江西东固敖上的红军无线电训练班所在地

中央军委授予王铮的二等红星奖证章

王铮是红军无线电通讯事业的创始人，在第二次反"围剿"中多次成功监听、破译敌人无线电报，为红军破敌提供了情报保障。1934年中华苏维埃第二次代表大会上授予王铮这枚奖章。

风耳'，红军缺少了电台，就好像缺少了块鲁班石一样。"接着毛泽东还讲了鲁班石的故事：某年造桥，缺一块石，历尽千山万水，最后在一位卖草鞋老人处，找到了鲁班留下的"鲁班石"，使拱形桥顺利完成。毛泽东说："红军今后要大发展，这里要点火种，那里要点火种，一块块被分割的根据地，要靠你们从空中架起一座座桥连结起来，大家想一想，你们是不是这座空中桥的鲁班石？"

红军有了电台，顿时心明眼亮。

三个月后，红军五战五胜，横扫七百里，而且缴获了100瓦大功率的电台。从而又创建了红军中华通讯社，编印了《参考消息》。 》盛巽昌

> 历史文化百科 <

〔广泛设立无线电台〕

1929年始，中国大陆着意于无线电台建设。南京政府建设委员会先是取缔外国人私设的电台，以民营商股建立中国自己的电台，其中上海五座（含吴淞）、汉口三座、南京、北平、天津、厦门、福州、宜昌、宁波、安庆、杭州各一座；同时又在上海建设国际大电台，建立短波无线电发报台一座。该国际电台，与美国无线电合作组成的无线电实业公司，全部设备由美供给并负责安装，共耗用17万美元，一年建成。通过国际电台和另设的中菲转报电台，中国能快速与东南亚、欧美进行信息互通。

同年，又在上海设立"报务人员养成所"，培训无线电台专业人员。

无线电台的广泛设立，拓展了通向世界的大门。

星星之火，可以燎原（宣传画，周瑞庄绘）

毛泽东 公秉藩

谋略 疑虑

《历史选择了毛泽东》 叶永烈

人物　关键词　资料来源

〇一八

诱敌深入，拣弱的打

"横扫千军如卷席"

蒋介石对红军发动了三次"围剿"，毛泽东灵活地运用游击战术，"横扫千军如卷席"，取得了三次反"围剿"的巨大胜利。

第一次"围剿"失败之后，蒋介石派出了国民政府军政部长何应钦坐镇南昌指挥，着手再度"围剿"。

蒋介石反省第一次"围剿"之所以失败，是败在"长驱直入"，入了毛泽东布下的"口袋"。这一回，他把战略方针修改成："稳扎稳打，步步为营，紧缩包围。"

何应钦调集了20个师加三个旅，兵力20万，比第一次"围剿"增加了一倍。这时红军的总兵力为35000人，

只及国民党军队的六分之一。蒋介石紧握拳头发表演说："三个月内消灭共军!"

面对六倍于己的敌军，该怎么办？

毛泽东分析了敌情，力排众议，依然坚持"诱敌深入、集中兵力"的战略。他指出这二十万"全部是蒋之非嫡系部队"，不必过分惊慌，

红一方面军军部领导人

1933年，中央苏区第四次反"围剿"胜利后，部分指战员合影。左起：叶剑英、杨尚昆、彭德怀、刘伯坚、张纯清、李克农，军领导人周恩来、滕代远、袁国平等。

主张"拣弱的打"。

三万红军埋伏深山

毛泽东约了彭德怀，在东固一带的群山之中钻来钻去，一边吃山上的刺梅，一边察看地形。他看中了东固这块地方。

东固群山环抱，群山之间只有五条羊肠小道，是个易守难攻的好地方。自1931年4月20日起，毛泽东就把三万红军主力调入东固，派兵严守各山口。三万大军在这深山之中悄然待命，伺机而动。

毛泽东看中东固，还在于红军在东固有很深的根基。那里的妇女、孩子都主动帮助红军放哨，查"路条"；家家户户借粮给红军。不过，东固原本只有万把

中央红军机枪连
中央苏区在反"围剿"胜利中逐渐强大，图为红军用缴获的机枪组成的机枪连。

红军总司令朱德(左图)
红军总政治委员周恩来(下图)

人，陡然增加了三万青壮年，粮食顿时紧张，菜蔬也不够吃。于是，红军从每日三餐改为每天两顿，纷纷上山挖竹笋、下田逮泥鳅、入河摸螺蛳，权且当菜。

然而，毛泽东所走的确实是一步险棋，因为此时东固的西、北、南三面皆有蒋军，而且挨得很近。一旦消息走漏，敌人三军夹击，那三万红军就会陷入包围圈之中。

何应钦和毛泽东，两位主帅都在摸对方的底：何应钦觉得好生奇怪，怎么一路"稳扎稳打"，从未遇上有力的抵抗，不见红军主力的踪影？毛泽东则坐在深山之中，终日捉摸，选择什么时机突然袭击，才会收到最好的战果？

何应钦的右路军总指挥为王金钰，王手下的部队之一是第二十八师，师长公秉藩。公秉藩部队参加过第一次"围剿"，幸亏他逃得快，才未全军覆没。此次他又要与毛泽东交手，未免心惊胆战。

5月8日，公秉藩麾下的八十二旅旅长王懋德向他报告了一个极端重要的情报，该旅步哨抓获一红军排长，说毛、朱、彭、黄皆在东固，那里集中了红军七八个军！据说那排长犯了严重错误，受到重罚，乘监视疏忽之机逃了出来。

毛泽东的苦心经营，差一点断送在这个排长身上！

不过，公秉藩生怕有诈，未敢贸然相信这个排长的

红军号兵使用的喇叭

话。他一边嘱令严审这个排长，一边急电何应钦。何应钦下令派飞机对东固进行侦察。

5月11日，何应钦复电公秉藩："连日派飞机侦察，均未见敌踪，仍盼鼓励所属，不顾一切，奋勇前进，如期攻下东固，树各路之先声。"

这样，那个反叛的红军排长所提供的重要情报，反而被视为"苦肉计"，遭到了否定。

蒋军又钻进了"口袋"

毛泽东在东固深山之中，正侧耳谛听着山外的"声音"。

说实在的，毛泽东得"感谢"张辉瓒，因为在第一次反"围剿"时张辉瓒全军覆没，他的无线电台也落入红军手中！这个电台成了毛泽东、朱德的"耳朵"。国民党部队做梦也未曾想到，红军居然在接收着他们之间的联络电报！

红军主力三万大军，在东固大山之中，埋伏了整整25天，很多人都已烦躁起来，怀疑毛泽东的计谋是否正确。在这节骨眼上，1931年5月15日黄昏，红军电台捕捉到一则重要情报：公秉藩部明晨出发，前往东固。

这夜，红军总司令部的灯火通宵亮着。毛泽东和朱德忙着调兵遣将，在公秉藩师必经之路上布好"口袋"。

5月16日清早，前方侦察部队向公秉藩汇报，说通往东固的道路"平静得和水一样"。

迎着朝阳，公秉藩率部向东固前进了。山间路窄，队伍成一列纵队前进，前前后后长达五六里。内中最显眼的是三顶大轿，里面分别坐着师长公秉藩以及副师长、参谋长。

上午10时许，公秉藩师全部进入毛泽东布下的"口袋"。一声令下，寂静的山谷忽地响起炒豆般的枪声，喊杀声震天动地。下午3时，战斗结束。公秉藩的二十八师全军覆没，四十七师五旅也被歼灭。这一仗，红军共歼蒋军一万多人！

师长公秉藩也被红军活捉。不过，他化装成士兵。红军宽大俘虏，给回家的蒋军士兵每人发两块"花边"（即银元）。公秉藩也混在士兵中领大洋。轮到他时，只剩一块大洋了，红军要他等一下，过一会儿补发一块大洋给他。公秉藩生怕有变，连声说"一块花边足够用"，赶紧溜之大吉。

毛泽东乘胜出击，红一方面军由西向东横扫七百里，五战五捷，歼敌三万多人，缴枪两万多支。第二次"围剿"也就落下了大幕。

毛泽东又一次显露了他的韬略雄才。彭德怀从此称他是"摇鹅毛扇的"，把他比作诸葛亮。

胜利之时，毛泽东又发诗兴，写下《渔家傲·反第二次大"围剿"》，词云："赣水苍茫闽山碧，横扫千军如卷席。有人泣，为营步步嗟何及！"

那"有人泣"，不言而喻，乃指蒋介石也。

》叶永烈

东固纪念碑

中国大事记　5月16日，中原大战爆发，双方主要在平汉、陇海、津浦各线激战，11月战争结束。

〇一九

南浔嘉业堂

嘉业堂是20世纪初中国最大的私家藏书楼，它的创办人刘承幹，被认定是民国私人藏书第一人。

刘承幹藏书护国宝

刘承幹家业在南浔，人在上海，他在上海拥有地产房屋，民间传说他的财产可以与时在上海的犹太商人哈同并驾齐驱。刘承幹最初没有藏书的嗜好，据说他之所以收藏图书，是看到日本静嘉堂文库争购湖州皕宋楼所藏全部图书，有所触动。国宝流失海外，刘承幹痛心疾首，他感到不能再让珍籍流失，这才热衷于收书藏书。

1924年，刘承幹在南浔建造了专门用以藏书的嘉业堂，置放十多年来在上海采购的图书。他建造藏书楼用了12万银元，但购书却用了30万银元，加上刻书、印书20万银元，聘请专家学者编书、抄书、校书和鉴定等花了10万银元，总计八十余万银元，这笔钱在当时的上海，最少可购置10座高级花园洋房。

鲁迅感激这种刻书家

在嘉业堂藏书中，宋元版本、明代史料以及钞校稿本都非常多。此中最为特别的是那部明朝的《永乐大典》。它历经英法联军、八国联军洗劫，大都焚毁，仅剩八百余卷、三百余册。当时海内外见有收藏的有50家，其中超过20册的仅4家，美国国会图书馆36家，日本东京文库26册，北平图书馆88册，而嘉业堂却收藏了其中的88卷、42册，占存世的11%，可谓多矣。

刘承幹还收藏有明朝各个皇帝《实录》3000卷、500册。1936年中央研究院史语所校勘《明实录》，前来钞校配补。结果发现它的藏本与史语所校勘底本有很大出入，有些地方甚至相殊千字。

因为藏书很有价值，又怕日后失散，刘承幹就考虑刻书印书，一本变百本。他常对朋友说：天灾人祸不可避免，我若把善本孤本赶快刻印出来，到社会上一本成了百本千本，再遇天灾人祸就不怕失传了。

开始，刘承幹对于前来求书的人，都是免费奉送的，甚至连邮资也包了。后来因为供不应求，对多数不相识的读者也就收费了。鲁迅当年在上海也曾两次登门买书，都被推说是账房外出或没有要找的书，遭到冷遇。

嘉业藏书楼外景
藏书楼以十年春秋，聚集大江南北藏书家精华之半。有藏书1.3万种，18万册，60万卷。

藏书楼大厅
藏书楼在楼里设有阅览室，供海内外学人阅览，借抄和免费翻印。蔡元培、柳诒徵等都曾慕名前来观赏和借阅图书。

世界大事记　4月30日，法国通过《全国工人保险法》。

人物　刘承幹
关键词　财富 救亡
资料来源　项文惠《嘉业堂主刘承幹传》 吴格《嘉业堂藏书志》

他后来还是托朋友来买了《安龙逸史》、《翁山文外》等。对于鲁迅亲自登门却没买到书的事，若干年后，刘承幹的儿子刘忻万幽默地说："迅翁太认真，以其大名，只要一封短简，先父必送无疑。亲自登门求购，反而遭到白眼，这也是'阎王好见，小鬼难当'，无可奈何的事。"但鲁迅仍相当肯定刘承幹，他说："对于这种刻书家，我是很感激的，因为他传授给我许多知识。"

"钦若嘉业"匾
嘉业堂名取自紫禁城里小"皇爷"溥仪所赐匾中的"嘉业"两字。刘承幹还将此匾与另一块"抚心法古"匾，高悬在正堂。

嘉业堂的奇迹

1933年后，随着湖丝贸易衰落，刘家也走向衰落。抗战初期，日军侵占南浔，全镇被日军烧得精光，而仅一河之隔的嘉业堂却安然无恙。

日军没有烧毁嘉业堂，引出了种种奇谈：有的说日本军官进了嘉业堂，在大厅见有溥仪手书"钦若嘉业"正匾，肃然起敬，而没有毁坏；也有的说汪精卫伪政府出面，日军当局给他面子，放了一马；更有的说，日本汉学家松崎鹤雄在战前多次赴嘉业堂看书，得到刘承幹热情款待，还免费供应伙食住宿，后又多次给松崎寄赐刻本，由此感动了松崎。在他妻舅牧次郎少将侵华时，就嘱咐善待中国文化遗产，而牧次郎所部正好进驻南浔，于是有了"倾巢之下，竟有完卵"的怪事。

当时日本宪兵和特务机关，确实在嘉业堂张贴过两份告示，严禁游览和任意取阅图书。但其真实目的，还是为了文化掠夺。所谓松崎其人，当时就在大连，是日本情报机构大连满铁图书馆高级顾问。他多次打电话给牧次郎让他看管好嘉业堂，目的是要完好地将嘉业堂珍藏运往大连；后来牧次郎率先掠取了所藏的42册《永乐大典》，藏于大连满铁图书馆，东北光复时，为苏军携走。1954年归还，现藏于国家图书馆。

藏书楼一角
嘉业堂主楼建筑结构布局相当合理。它分两层，呈回字形，共52楹。

水利大师李仪祉

陕西蒲城是个古老的小城，20世纪初，从这里的黄土沟里，走出了一个国家级的水利专家，他就是一生治水导河，立誓做大禹继任人的李仪祉。

绰号"圣人"

李仪祉从小就下定决心，要治水导河，改变八百里秦川的荒凉面貌。他在私塾读书时，就喜欢测量、算术和地理；有时写不出字，自己就随意造一个新字。老师常说他："你是圣人吗？可以随意造字吗？"由此同学给了他一个"圣人"的绰号。

李仪祉17岁那年到西安报考秀才。督学叶仁和提倡新学，除传统八股文外加试了算学、格致、地理等题。童生读的都是经书，所答考卷文不对题，闹了不少笑话，只有他发挥了实学的微言大义，试题答得头头是道，张榜照壁，名列第一，从此名闻乡里。

六年后，李仪祉去北京，进入了京师大学堂。他一心要搞水利。当时世界水利开发和研究，最有成绩的是荷兰和德国，李仪祉就专攻德文。1909年，他通过西潼铁路局考试，被派往德国的柏林工业大学，开始时主修铁路工程，兼学水利工程，后来专修水利。

李仪祉求学期间，始终专心致志。在北京时，他是学生里最规矩的，从不外出游玩，也不沉湎于酒色，同学们也叫他是"圣人"。在柏林，他从不跟中外同学跳舞、饮酒作乐，因此连外国同学也叫他"圣人"了。

应邀重回陕西

1915年，李仪祉学成归国，回到家乡，勘察地形水文，遍览渭北山水，还被聘任为省水利局长。可是在北洋军阀统治时期，年年战火不绝，他多次到西安就职，都无法兴修水利。1927年，李仪祉离开陕西，出任华北水利委员会委员长兼导淮总工程师。导淮也是那一代志士的宏愿。

1930年12月，南京国民政府任命杨虎城为陕西省政府主席。杨虎城比较关注民生，进入潼关后，他带着随员转赴同州（大荔）、朝邑、三原、泾阳等地视察，沿路看到农民流离失所，田地荒芜，不胜悲戚。他在西安就职时表示："兄弟此次大胆说一句，以后决不会照从前一样。"又对部属说，"当国民党的官，难免刮地皮。不过，我想用刮地皮的钱尽量给老百姓办事。"

杨虎城言出必行，而要改变关中面貌，先要兴修水利。于是杨亲赴南京，请回李仪祉。李仪祉当时在河海工程专门学校做校长，是学校主心骨，但他改造家乡矢志不移，现又见省主席邀请，当即答应了。

地利人和，大功告成

1931年1月，李仪祉带着十几个学生，风尘仆仆赶到西安。杨虎城立即送上40万元水利专款，这是他从军费中压缩出来的。李仪祉大喜，但仍担忧劳力问题。因为关中地区连年战争，强壮劳力多战死疆场。杨虎城就说："李先生，我可以拨一个师听从你指挥。"

几天后，李仪祉和学生来关中勘测。此前，他曾多次在那里勘测，对当地的地形相当熟悉，这使定线设计进展

民国水利大师李仪祉（上图）
李仪祉遗著《水功学》（下图）

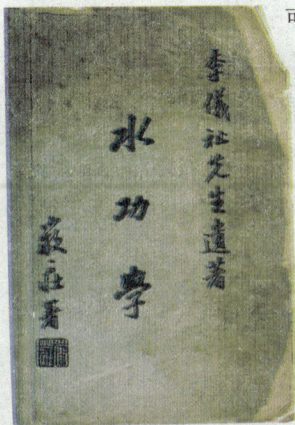

章仲子《李仪祉的故事》
吴长翼《回忆杨虎城将军》《千古功臣杨虎城》
李仪祉 杨虎城
技艺 耿介

人物　关键词　资料来源

正在建设中的泾惠渠

很快。3月，引泾工程开工。开工期间，他又收到了华洋义赈会捐助40万元、檀香山华侨捐助15万元、南京国民政府资助10万元和朱子桥捐送的两万袋水泥。

1932年6月20日，第一期引泾工程完竣，命名为"泾惠渠"。灌溉醴泉、泾阳、三原、高陵和临潼5县40万亩土地。这是当时中国第一流的现代化农田水利工程。从此，关中平原又恢复了生机，所谓："关中膏沃，资始于泾。"包括那些已种植鸦片的田地，也由黑变白，改种了棉花，造福于民。关中不少农民，竟树起李仪祉的肖像或牌位，尊之为灶神供奉。

引泾工程成功后，1933年，李仪祉又策划了引洛工程，

正式竣工的泾惠渠

之后他和学生孙绍宗等，又先后完成六渠，这些水利工程被称为"关中八惠"，灌溉了包括陕北在内的二十六个县三万余顷农田。

不做厅长做局长

李仪祉始终保持家乡的黄土气息，人说他有一股傻冒精神，一心只为事业。他常说："做官并不是我所好，也不是我所长。"

李仪祉再度出任省水利局局长后，又兼任省建设厅长。厅长比局长官阶大，于是有人疏通，要他让出水利局局长的位子。李仪祉表示："我可以将厅长让掉，但水利正在动作，暂且不行，请谅解。"旁人笑他真是个书呆子。

李仪祉还是个性情中人。有一年曾是杨虎城顶头上司的国民党武汉行营主任何成濬，前来西安，杨派了几位官员陪同。李仪祉知道了，勃然大怒，戟手大骂陪同者："现在民穷财困，外侮欺凌，陕西今年又是荒年，而你们还忙着花天酒地。"杨虎城在旁解释："是我叫接待何主任的。"话还未说完，李又骂："什么何主任，都是王八蛋。"

杨虎城听了再未接话。李仪祉骂了后说："我今天就辞职，这个厅长不干了。"说完，夹起皮包离开了。李走后，杨虎城只说了一句话："李先生脾气真大。"当天晚上，杨去李家劝解。第二天，李仪祉又照常到建设厅，如同平日。

》盛巽昌

历史文化百科

〔1931年大水灾〕

1931年7月中旬至9月，长江中游大雨成灾。8月19日，江汉关水位高达28.28米，洪水冲决武汉沿江各堤。汉口市区受灾面积99%，水深1米多甚至3米。武昌被淹没三分之二；汉阳沿江处尽成泽国，街道水深1米多；房屋全场之灾民，汉口为51%，武昌为36%，汉阳为38%，全场和半场之房，汉口为93%，武昌为53%，汉阳为80%。三镇灾民共有78万人。因洪水和传染病死亡灾民在3万以上。

在其他地区，如江苏高邮，同年8月26日，因台风暴雨，使高邮湖堤被冲塌六处，因为湖本是悬湖，湖水全部倒灌苏北平原，灾民死亡达1.9万人。

这场大雨，遍及长江、黄河、珠江、松花江等流域17个省，受灾居民达8000万至1亿，几占当时全国人口五分之一。

红色娘子军

土地革命时期，一支妇女武装队伍在海南创建，这就是"红色娘子军"。

拿起枪当红军

1931年3月，在海南岛东部万泉河地区，工农红军第二独立师第三团于驻地各乡村张贴招募女兵的布告："拿起枪来，当红军去，和男人并肩作战。"

琼崖的农村妇女，苦大仇深，她们看到布告，都纷纷报名参军。经逐个审查，红军将符合条件的女兵组建了一个排。3月下旬，在乐会与万平交界的加荣村，成立了"乐会县赤色女子军连"。成立之初，它不属于红军正规部队建制，被划为地方武装。

琼崖纵队女战士

飒爽英姿妇女赤卫队

1927年9月，海南岛农民武装起义，其中参加的妇女还组成妇女赤卫队。这是最早的一批红色娘子军，她们都是黎族妇女。

琼崖特委书记冯白驹等相当重视女子军建设，要将它打造为一支既能作战又能做民众工作的部队；经过两个月筹建、扩充，终于在同年劳动节宣布成立了红军第二独立师第三团女子军特务连。

这就是中国红色娘子军连。

这天，万泉河畔内园村的旷地上，女子军战士英姿飒爽，接受冯白驹等检阅。连长庞琼花，指导员王时香身穿蓝色粗布大襟衣，着长裤、扎腰带、佩短枪雄赳赳地走在队前；她们身后的战士，一律身穿大襟衣、短裤，系子弹带，携长枪。指战员们都头戴列宁帽，挎一个椰壳制作的水壶，背一顶写有"女子军"的海南竹笠，臂佩白布缝制的"女子军"袖章。在南国初夏阳光照耀下，更显得意气风发。

连长庞琼花亲自接过红旗，红军师长王文宇宣布女子军正式成立。

漂亮的一仗

女子军成立后的第二个月，就参加了战斗。

当时，乐会县有个与苏区作对的"剿共总指挥"陈贵苑，此人时常前来骚扰，但他为保存实力，不敢深入与红军

海南红色娘子军纪念园和平广场的雕塑

公元1930年　公元 1 9 3 0 年

世界大事记

5月22日，法国被迫颁行《叙利亚宪法》规定叙利亚为共和国。

冯白驹 庞琼花

谋略 勇敢

《冯白驹将军传》《冯白驹研究资料》

人物　关键词　资料来源

电影海报《红色娘子军》

1960年彩色故事片《红色娘子军》写了女奴隶琼花等参加红军打击地主恶霸的故事。

正规部队接触。红三团团长王天俊知彼，故意大张旗鼓，撤出乐会苏区，迁往万宁，留下刚建立的女子军。而在夜晚，部队又悄悄潜回来，埋伏在纱帽岭通道的密林中。

陈贵苑不知是计，第二天清晨即率领两百人马杀来。当他们进入女子军阵地，发现前面果然是一群女兵时，不禁狂喜。陈贵苑挥动手枪，操着下流腔调叫道："弟兄们，都是女的，谁抓到就做谁的老婆！"那些士兵，争先恐后地朝阵地上的红军女兵扑去。女子军假装不敌，边打边退，直往纱帽岭密林里退去，敌兵紧紧尾随。说时迟，那时快，早已埋伏好的红军将士突然从密林里杀出，女子军也回师反击。陈贵苑等防备不及，被打得落花流水，纷纷

芭蕾舞剧《红色娘子军》

成为阶下囚。

娘子军初战告捷，声名鹊起。

鲜血染红万泉河

1932年春，女子军特务连连部和两个排编入红一团，留下的一个排，不久扩建为女子军第二连。

当年秋天，女子军二连和红军的一个营留在马鞍岭阻击前来"围剿"的敌军，掩护琼崖特委机关、师部安全转移。他们在阵地上一次又一次击退敌人的进攻，子弹射击完了，就用石头砸。正在危急关头，师长王文宇前来救援。他对女子军的坚韧不拔极为赞赏，命令这支已完成阻击任务的队伍迅速撤出。

女子军二连遵命撤退，第二班继续留下掩护。全班八位女战士与冲上山顶的强敌展开肉搏战，最后全部牺牲。

几天后，女子军二连在文魁岭阻击敌人，伤亡惨重，仅强渡万泉河时，就有十多名女战士牺牲。

〉盛巽昌

电影《红色娘子军》剧照以及女主角祝希娟

初来上海，拜见鲁迅

柔石本名赵平复，1928年6月，他从浙江宁海来到上海。经友人王方仁、崔真吾介绍，他到景云里23号，拜见了仰慕已久的鲁迅先生。柔石向鲁迅叙说当年在北大聆听先生讲授《中国小说史》的情景，并拿出自己创作的《旧时代之死》书稿，恭恭敬敬地呈请鲁迅指正。

鲁迅一开始就喜欢上了这个诚恳质朴的青年，他慨然应允审阅书稿，这使柔石欣喜万分。这是柔石唯一的一部长篇小说，鲁迅读后，赞之为"优秀之作"，后来经他推荐，由北新书局于1929年10月出版。

景云里23号靠近宝山路，环境嘈杂，加上邻居有个顽童乱扔杂物，因此鲁迅就想换个地方，恰好同弄18号有人出租房屋。鲁迅就把它租下搬了过去。

左联作家柔石

1931年2月7日深夜，在上海龙华淞沪警备司令部刑场，国民党残酷杀害了一批年轻的中国共产党人，其中包括"左联"的五名年轻作家，他们是柔石、胡也频、李求实、冯铿和殷夫，史称"左联五烈士"。

鲁迅还叫在商务印书馆工作的弟弟周建人，也一起搬到18号居住。

景云里23号空了出来，鲁迅想到柔石他们几个，就把23号介绍给他们居住。柔石一听能住在鲁迅家的旁边，高兴极了，几个人商量后，立即搬了过去。不过，他们都是单身，饮食多有不便，鲁迅考虑到这点，便特意让他们来家中搭伙用膳。此后，柔石一日三餐几乎都在鲁迅家中搭伙，与鲁迅、周建人朝夕相处，无话不谈。他写出的作品，总是先送鲁迅审阅。鲁迅悉心阅读，提出中肯的意见，待柔石修改后，再推荐到出版社。在鲁迅的指点下，一两年内，柔石发表了多篇小说和散文，因其格调清新，他的作品赢得众多读者的喜爱。

"左联"作家柔石（上图）
"左联"成员在上海功德林餐馆合影（下图）

世界大事记

6月17日，美国总统胡佛签署《斯穆特·霍利关税法》。

张小红《柔石评传》
王艾村《左联五烈士传略》

柔石　鲁迅
才华　勤奋

人物　关键词　资料来源

"金桥柔石"，刚柔相济

一天，柔石把一部短篇小说《人鬼与他的妻的故事》送给鲁迅审阅。当看见稿上署着"柔石"两个字时，鲁迅略微凝视了一下，柔石解释说："在我家乡有一道小桥，上面刻着'金桥柔石'四个字，儿时不解其意，现在感到为人处世，应该刚柔相济。"鲁迅听了，会心地微笑道："易经有立地之道，曰柔与刚。老子又有守柔曰强之说，你知道吗？"

柔石又说："你告诉我的《丹麦小说集》，我已经买了两本，正在翻译，如果能译好出版，就署名金桥吧。"

柔石与王方仁、崔真吾同住景云里，虽然看书写作谈文学兴趣盎然，毕竟没有经济收入，日子过得艰难。王方仁说，景云里住着众多文化人，不如办刊物，出版图书，这样既有事情干，又有一定收入，并说他哥哥办了一个教育用品社，可以帮助先垫付部分钱款。柔石、崔真吾都表示同意，柔石还将这件事告诉了鲁迅，鲁迅也表示支持。大家决定创办一个文艺社团，出版一

龙华警备司令部

种刊物，再相机出版图书，社名也由鲁迅想好了，叫朝华社，得自于陆机《文赋》中"谢朝华于已披，启夕秀于未振"。朝华社拟办的刊物就叫《朝华》。

一人编辑《朝华》、《语丝》

1928年12月6日，《朝华》第一期面世。鲁迅为刊名"朝华"书写了美术字，还精心挑选了一幅英国版画来装饰刊头。柔石在其中发表了一篇短篇小说《死猫》。

柔石是第一次编刊物，认真极了，又事事请教鲁迅，这使他提高得很快，旁人都觉得他是"最热心而又傻子似的埋头苦干"。在鲁迅的指导下，专门发表世界各国美术作品的《艺苑朝华》

龙华烈士陵园雕塑
龙华烈士陵园纪念馆建筑采取金字塔造型，以台阶为实，幕墙为虚，虚实结合。高四层，36米，由陈云题写龙华烈士纪念馆馆名。图为刻有毛泽东诗词手迹的陵园雕塑。

"左联"五烈士柔石、殷夫、胡也频、冯铿、李伟森（自左至右）

也陆续出版。一次，柔石听鲁迅介绍说，英国著名木刻家吉宾斯（R.Gibbings）对于黑白的观念常有意味深长的独创，且具有东方式的韵味。为求得印刷效果的逼真，最能使用木刻的原拓。柔石就写信给吉宾斯，说明原委，并寄去"北平笺纸"作为交换。结果吉宾斯夫人来了复信，并附寄三幅黑白木刻拓片。后来柔石将这三张拓片都送给了鲁迅。

不久，鲁迅问柔石："想让你代我编《语丝》杂志可不可以？"《语丝》杂志由北新书局出版，鲁迅主编，此

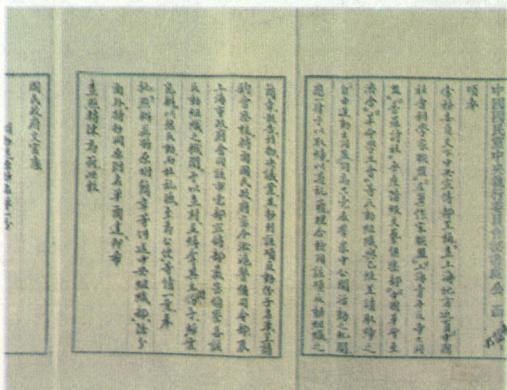

国民政府查禁左联的密令

时鲁迅对柔石愈来愈器重，就推荐他来编辑杂志。柔石说："我能行吗？"鲁迅安慰他说："不用担心，无非是看看来稿，校对稿子，内中有些情形，我会慢慢向你交待介绍的。"

这样，柔石一下子就承担起了两份杂志的编辑工作。当初筹办朝华社的王方仁、崔真吾都忙着自己的事

情，并不参与具体的编辑工作。柔石并不计较，一个人任劳任怨，默默苦干，同时还发表了大量创作和翻译作品，赢得了鲁迅极大的理解与信任。鲁迅说，柔石是他"一个唯一的不但敢于随便谈笑，而且还敢于托他办点私事的人"。有时候还尊称柔石为"赵公"。

那段时间，柔石成为鲁迅从事革命文学活动的得力助手，这也是他一生中最愉快、最充实的日子。

柔石牺牲后，鲁迅怀着悲愤的心情写了《柔石小传》，发表在《前哨·纪念战死者专号》上。两年后，又写下了《为了忘却的记念》。 》郝建榕

》历史文化百科 〈

〔左联作家稿酬生活〕

左联作家生活主要靠的是稿酬、编辑费。

据《鲁迅风》称：当时作家生活有四类：

一等作家如鲁迅、茅盾、郁达夫，有稿酬、版税和主编刊物编辑费（通常为100元）、丛书编辑费（通常为200元），月收入在400元以上（1元相当于人民币30元）；

二等作家如夏衍、胡风，稿酬标准为千字3~5元，月收入200元；

三等作家如丁玲、萧红、萧军，稿酬标准千字2~3元，月生活费130元（含房租10元）。

四等作家如叶紫、柔石等青年人，稿酬标准千字1~2元，每月开支，住亭子间10元，日常生活开支40元，共需50元。

据吴奚如回忆，1935年的织袜厂女工，每月工资20元，小学教员、小职员、店员工资为40~80元。当时有的单身作家住亭子间，点煤油灯，也有到小饭馆去买1元钱6张的饭票（单顿饭2角）。

○二三

顾顺章叛变

1931年4月，中共特科负责人顾顺章奉命护送张国焘、陈昌浩从上海经武汉转往鄂豫皖苏区，去负责红四方面军工作。顾顺章完成任务后回到武汉。4月24日，他在武汉游乐场所登台表演魔术挣钱，结果被叛徒指认，当场被捕。

顾顺章被捕当天就叛变了。他首先供出了中共中央在武汉的秘密机关。顾顺章表示，如果面见蒋介石，他可以将中共中央在上海的机关情报，及中共打入国民党核心机关的情报人员钱壮飞等情报全部提供。

顾顺章特别关照，在他本人未到南京前，千万不要将他被捕的事情告诉南京。国民党武汉当局没有了解顾顺章的意图，4月25日分别向蒋介石、陈立夫、徐恩曾发去特急密电，报告中共特科负责人顾顺章已经被捕。当顾顺章听说密电已经发出的消息后，懊恼地说："完了，完了，抓不到周恩来了！"

钱壮飞破译绝密电报

中共打入国民党核心机关的情报人员钱壮飞是1925年入党的党员。1928年，钱壮飞在上海考入徐恩曾创办的无线电训练班，后来在上海国际无线电管理局找

战斗在敌人心脏里

中共特科负责人顾顺章突然叛变，战斗在国民党情报机关的情报员钱壮飞火速报告中央。周恩来临危不惧，将损失降到了最低点。

到一份秘书的工作，局长就是徐恩曾。徐恩曾发现钱壮飞与他是同乡，办事又干练，对他非常赏识。1929年底，徐恩曾调任国民党中央调查科主任，这是一个专门从事破坏中共地下组织的特务机构。徐恩曾到任后，即命钱壮飞担任他的机要秘书。这么一来，中央调查科的所有机密，几乎都为钱壮飞所掌握。

4月25日这一天是星期六，正好轮到钱壮飞值夜班。晚上10点钟的时候，钱壮飞一连接到武汉方面发来的6封给陈立夫和徐恩曾的特急绝密电报。钱壮飞断定武汉方面一定出了大事。

绝密电报有一本专用密码本，徐恩曾将

"龙潭三杰"之一的钱壮飞（上图）
钱壮飞情报生涯富有传奇色彩，后来在中央苏区时，又曾一连破译敌人100个密码，并为之取名"百美图"。他和同样从事情报与政治保卫工作的李克农、胡底被人们誉为"龙潭三杰"、"红军三雄"。1935年3月，钱壮飞在二过乌江时，在一深山老林里为民团杀害。
时为中国旅客最为繁杂的火车站——上海北站（右图）

中统首领二陈兄弟

中统主持人徐恩曾的上司陈果夫、陈立夫因是陈其美侄子，深受蒋介石宠信，由此组合中统特务机构。图为二陈与张静江夫妻合照，左一为陈果夫，右三为陈立夫。

这本密码本一直带在身上，寸步不离。钱壮飞为了弄到密码本，从安全的角度劝徐恩曾将密码本放在保险箱里，徐恩曾同意了。钱壮飞配了一把保险箱钥匙，将密码全部拍摄了下来。

钱壮飞顺利地将绝密电报一一译出后，大吃一惊。电报中说："如将顾顺章迅速解至南京，3天之内可将中共中央机关全部肃清。"电报还报告了押送顾顺章的军舰已于25日从武汉启航，27日上午可抵达南京。钱壮飞屈指一算，预计28日将在上海实行大搜捕。钱壮飞立即抄写了电报内容，派通讯员乘当晚11点火车赶往上海，将情报交给"舅舅"李克农转陈赓上报中共中央。

周恩来临危不惧

通讯员于26日早上抵达上海，可是按当时地下工作的规定，这一天不是交通员接头的日子，直到27日通讯员才与李克农接上头。李克农火速报告陈赓，陈赓再报告周恩来，这时情况已是万分危急。顾顺章不仅知道中共中央所有领导成员的化名和地址，而且知道他们在上海所有的联络地点和联络办法。此外，第三国际远东情报局、苏联远东红军情报部等派驻上海的工作人员和地址，顾顺章也全部知道。顾顺章向国民党告密后，后果不堪设想。

周恩来临危不惧，他火速找到陈云商量对策并立即制定了三项紧急措施，让聂荣臻、陈赓、李克农等分头紧急落实：一、立即转移中共主要负责人并撤换他们的秘书；二、所有在上海工作的干部，凡是顾顺章可能认识的全部撤离；三、立即废止顾顺章所知道的一切秘密工作方法和暗号。

27日是星期一，钱壮飞一上班就向徐恩曾报告，说武汉方面有绝密电报。徐恩曾将密码本给他，命他当他的面译电。钱壮飞译一封，递交一封。钱壮飞对徐恩曾说："电报里说我们这里就有共产党！"徐恩曾说："这样的事见多了，有人说我还是共产党呢！"当天，钱壮飞找了一个借口，从容不迫地登上了南京开往上海的火车。

27日这天上午，押解顾顺章的军舰抵达南京。中午的时候，徐恩曾去接顾，让顾指认打入国民党核心的地下工作者。在顾顺章的指引下，汽车居然一直开到"正元实业社"徐恩曾办公处。顾顺章说："这就是中共特科南京负责人钱壮飞的通讯处。"徐恩曾大吃一惊，汗流浃背，连忙派人去找机要秘书钱壮飞，可是钱壮飞已经不知去向。徐恩曾立即下令逮捕钱壮飞并在上海火车站布下天罗地网。谁知天罗地网并没有网住钱壮飞，他早在上海的前一站真如下车进入市区了。

27日晚，徐恩曾率大批特务赶往上海，会同上海公共租界、法租界于次日晨在上海展开全面搜捕。顾顺章带领特务到周恩来等中共中央领导干部居住的地方，只见古庙依旧，而"菩萨"早已出巡了。 〉华强

世界大事记

8月，荷兰殖民当局从本月起至12月，在万隆审判苏加诺等人。

龙文光　陈昌浩

机智　勇敢

华强《空军史》
奚纪荣、孟庆龙《中国空军百年史》
林虎《中国空军百年史》

人物　关键词　资料来源

捕获大"鸟"

1930年4月16日中午，鄂豫皖苏区罗山县第十乡苏维埃赤卫队的一个队员正在山头放哨，突然发现空中一只硕大无比的"鸟"摇摇晃晃地贴着地面飞过来，他立即吹起了紧急号角。一会儿工夫，几百名赤卫队员手拿着各式各样的武器赶来了。大家发现那只巨"鸟"已经降落在宣化店（今湖北大悟县）西南一个叫陈家河的河滩上。那时候，谁也没有见过飞机，甚至也没有听说过飞机。几百人将飞机团团围住，抓住了从飞机上走下来的飞行员龙文光。

原来这是国民党空军的一架"可赛"式飞机，奉命由武汉飞往开封执行通讯联络任务，返航途中因遇雾而迷航，结果油料耗尽，不得不迫降。通过飞行员龙文光之口，红军知道这是德国制造的教练机，刘湘曾经将它作为自己的座机使用。

红军第一次缴获飞机，不知道如何处理。当时决定先卸下飞机的两翼，派人在河滩上日夜看守。不想到了第三天，当地的民团知道了，想把飞机抢走。赤卫队与民团在河滩上激战了两天两夜，打退了民团。鄂豫皖苏区决定将飞机转移到刘家冲。半个月以后，赤卫队发动四百多人人拉肩扛，将飞机转移到河南新集（今河南新县）卡房乡。

红军的第一架飞机

1930年4月，红军缴获了一架飞机，命名为"列宁"号。"列宁"号飞机曾经参加黄安战斗，这是红军首次实现立体作战。

成立航空局

飞行员龙文光是大革命时期广州航校的学生。在第一次国共合作期间受到共产党的熏陶，后来又留学苏联，对共产党和红军都有好感。龙文光被俘后，红军领导和根据地领导人先后接见了他，龙文光表示愿意参加红军。根据中央指示，根据地政府决定成立鄂豫皖边区苏维埃政府航空局，任命龙文光担任局长。这是红军历史上的第一个航空局。

航空局成立后，从苏联学习领航回来的钱钧负责飞机的维修和装配。钱钧将飞机油漆一新，在飞机的机翼下各涂了一颗红五角星。

红军有了自己的飞机，可飞机还没名字呢。有一天，徐向前来看飞机，围着飞机转了一圈，说："就叫列宁号吧！"钱钧于是在飞机的机身上写了大大的两个字："列宁"。

3个月后，苏维埃政府航空局在驻地新集修建了一个简易机场，占地百余亩，此后又在黄安（今红安）、麻城交界的紫云区和安徽、湖北交界的金家寨各修建了一个机场。这3个机场是红军最早的航空设施。

"列宁"号立功

红军虽然有了飞机，又有了机场，但由于缺乏航空汽油，"列

"列宁"号飞机
1930年，中国工农红军的第一架飞机，它取名为"列宁"号。抒发了对无产阶级革命导师列宁的拥戴，但以外国人命名，也是史无前例的。图为根据原机尺寸所建造的模型。

红军炊事班
红军是一个团结、友好、充满乐观精神的大集体。图为炊事员的学习生活。

一串串炸弹和一包包宣传品，虽然命中率不高，但气势足令国民党军胆寒。

黄安地面战斗由陈赓指挥。黄安守军因援军不继，又遭飞机空袭，赵冠英下令弃城。黄安一战，红军俘获国民党军师长赵冠英及部下五千余人，缴枪五千余支，取得黄安大捷。这是红军首次实现立体作战。

"列宁"号飞机除在黄安一役立功外，还曾经飞至武汉上空进行侦察、散发传单，引起武汉国民党当局的不安。《扫荡报》称："共军飞机连日骚扰潢川、汉口，我方幸无伤亡，现有关军方已通令各地严加防范云云。"

庐山军官训练团
蒋介石自兼团长。图为蒋介石在副团长陈诚陪同下，检阅受训军官。

宁"号上不了天。1931年在反"围剿"战斗中，红军活捉了国民党34师师长岳维峻，以保全岳维峻生命为条件，换取了汽油和其他物资。

1931年，"列宁"号首航，副驾驶座上坐着红四方面军总政治委员陈昌浩。陈昌浩之所以坐上飞机，实际上是对龙文光不放心，怕他反水。陈昌浩当时不仅带着手枪，还带着手榴弹。

"列宁"号原计划飞到皖西金家寨，后因为金家寨道路泥泞，飞机无法降落，只得迫降新集镇。这一次首航，"列宁"号在国民党军统治的固始县一带散发了大量传单，在国民党军中引起轰动。

1931年11月，红四方面军南下围攻黄安。国民党69师师长赵冠英率众万余人固守待援。红军见围困黄安月余不克，决定派"列宁"号参战。12月22日，挂着迫击炮炮弹的"列宁"号起飞，在黄安上空盘旋。国民党军以为是自己的飞机来空投物资，纷纷跳出工事和掩体，准备搬运弹药和粮食。"列宁"号对准国民党军阵地投放了

第一次看到飞机

中国内地民众，因身处闭塞之乡，平生从未见过汽车、自行车，遑论飞机。图为美国记者所拍摄的图照。

藏于大别山

蒋介石对红军发动第四次"围剿"，红四方面军决定向西转移。可是，"列宁"号飞机无法随军转移。红四方面军领导决定将"列宁"号飞机暂时拆卸，藏在大别山的一条山沟里。而航空局局长龙文光离开根据地后，1932年在武汉被国民党逮捕后惨遭枪杀。红四方面军因转战南北，后来又参加长征，"列宁"号飞机在大别山山沟里一埋就是二十多年。

解放后，有关部门曾赴大别山寻找"列宁"号飞机，并将其挖出。飞机虽已报废，但骨架尚存，可惜当时未予妥善保护，如今仅存飞机的一片蒙皮，保管于湖北博物馆。空军航空博物馆成立后，按"列宁"号原机复制了一架供展览。 ＞华强

鄂豫皖苏区首府烈士纪念碑

〇二五

邓演达坚忍不屈

无所不在的"第三党"

邓演达积极发展黄埔军校学生加盟反蒋组织，引起了蒋介石嫉恨，就此举起了屠刀。

1927年，蒋介石、汪精卫相继发动反革命事变。国民党左派领袖邓演达怒斥蒋、汪倒行逆施，并于11月和宋庆龄、陈友仁等在苏联莫斯科联合发表《对中国及世界革命民众的宣言》，号召革命志士组织中国国民党临时行动委员会，完成孙中山总理的遗志。1928年春在《莫斯科宣言》影响下，谭平山、章伯钧等在上海成立中华革命党，反对蒋介石反动统治，但也不赞成中国共产党组织工农起义建立农村根据地，主张走第三条道路。当时被称为"第三党"。

1930年5月，邓演达归国，通过改组"第三党"，于8月在上海成立中国国民党临时行动委员会，提出了反帝反封建反蒋的政治主张，以三民主义为指导，建立以农工为主体的平民政权，并以为当务之急是以武力推翻蒋介石。邓演达任第三党中央领导机构——干部会的总干事，具体领导第三党的事务。

邓演达和临委的黄琪翔、彭泽民都始终认定，要推翻蒋介石的反革命统治，除了政治上进行反蒋活动外，主要还得依靠军事斗争，因此提出了"军事第一"的口号。

由于邓演达曾担任过孙中山警卫营警卫、黄埔军校教育长、北伐军总司令部政治部主任、武昌攻城司令等，还指挥过许多战斗，与黄埔系学生和国民党军人关系密切，所以他顺利地利用各种关系，派人打入国民党军队内部，开展联络和策反工作，甚至蒋介石手下的一员大将陈诚也被"临委"发展为秘密党员。

更令蒋介石不能容忍的是，邓演达致力于"造成一支以黄埔学生为中坚的革命军"，他组织的"黄埔革命同学会"，积极发展黄埔军校的进步同学加盟，吸引了蒋介石的嫡系组织"黄埔同学会"中的许多人，当时全国黄埔系军人约一万二千名，"黄埔革命同学会"吸收和联系的就有近六千人，约占二分之一。第三党不仅在南京、北京、广东等十四个省市建立了第三党的基层组织，而且还准备在江西发动武装起义。

在租界被捕

蒋介石一向以黄埔军校学生为其武装基干，见邓演

邓演达戎装（上图）
邓演达毕业于保定军校，在黄埔军校有很高威信，深为蒋介石所妒。他的被杀害，相传是陈诚告密。陈诚当时能见到隐藏在上海租界的邓演达。

何香凝、柳亚子等为营救邓演达致林森、于右任的信（左图）

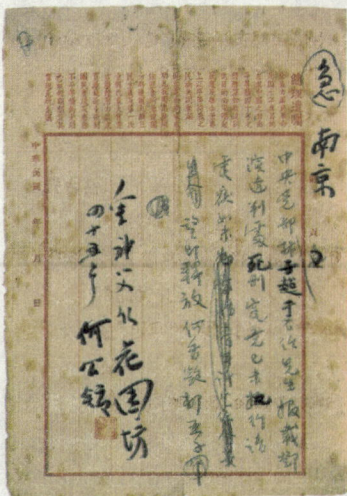

邓演达遗稿集

邓演达口若悬河。他的演说经记录就是一篇好文章。图为时人编印的集子。

达如此活动，大为恐慌，他悬赏30万元，命淞沪警备司令熊式辉设法缉拿。熊接到蒋介石的密令后，不敢怠慢，除派特务侦缉队寻找邓演达外，还发函至上海第二特区地方法院（租界会审公堂），要求"饬捕协缉"。当时上海的英法租界，享有治外法权，有自己的军队和警察（巡捕），国民政府无法干预。许多进步人士就是利用其特殊地位，在租界从事革命活动，以躲避国民党特务的秘密逮捕。

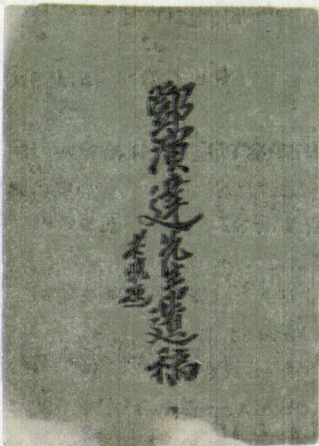

1931年8月17日，邓演达到上海愚园路愚园坊20号出席江西起义干部训练班结业典礼。正当邓演达言辞激烈地抨击蒋介石政府时，国民党淞沪警备司令部的警探和租界巡捕房的包探们闯进会场，逮捕了邓演达和在场的其他11人。当晚，又逮捕了临时行动委员会两名负责人；深夜，黄埔革命同学会二十余名负责人亦遭逮捕。中国国民党临时行动委员会中央和地方组织遭到严重破坏。

邓演达等人被捕后，先被关在静安寺英租界巡捕房的临时囚室。邓演达说："耶稣十三个门徒中有一个人告密，我们也有一个人告密。"事后查明，此次出事系叛徒陈敬斋告密所致。陈敬斋原是临时行动委员会上海市地方组织的成员之一，向淞沪警备司令部侦缉队告密后，他那天仍混在干部训练班听邓演达演讲，中途谎称腹痛出去买药，逃之夭夭。解放后叛徒陈敬斋在北京被人民政府缉拿归案，判处死刑。

邓演达知道自己的身份已经暴露，因此在公共租界巡捕房中亲笔写下自述，简述了他的革命经历，声明他"始终站在国民党左派的立场上"，"反对蒋介石的军事独裁及官僚政治，希望造成真正人民的政府及独立的国家"。

18日审讯后，邓演达仍被羁押在静安寺巡捕房的临时监狱。深夜，一同被捕的罗任一问邓："如果他们使用

莫斯科郊外的留影

1927年大革命失败后，宋庆龄（左二）和邓演达（左三）相继去苏联。图为在莫斯科郊区的合影

软化诱惑呢？"邓演达斩钉截铁地回答道："那他拿刀子来好了！政治主张、革命态度，决不变更！"

邓演达此次被捕，完全是出于蒋介石的旨意，因此淞沪警备司令部已经与租界当局约定，要将他押回进行秘密审讯。邓演达的律师抗辩说，邓的问题纯属政治问题，且在租界内被捕，不应该向南京方面引渡。但英国领事坚持说，愚园路是越界筑路，中国政府有权管理在那里发生的事。19日，邓演达还是被淞沪警备司令部的探员带走，关到上海西门白云观警备司令部侦缉队的牢房。21日，邓演达被转移至南京，关押在三元巷军政部军法司内"优待室"。

在南京就义

人是抓到南京了，蒋介石却顾虑重重，不敢公开审讯，只是不断派人劝说邓演达，千方百计诱骗他就范。蒋介石开出条件，只要邓演达公开声明取消国民党临时行动委员

南京邓演达墓

会，与他合作共事，即委任邓为"剿匪"副总司令，但遭邓严词拒绝。邓演达明确表示："我的政治主张决不变更，个人更不苟且求活。"

不久，"九一八"事变爆发，日军大肆入侵中国东北地区，蒋介石政权遭到朝野一致谴责，各地反蒋活动风起云涌，要求释放邓演达的呼声四起。蒋介石既要考虑下野的问题，又面临着释放邓演达的压力。戴季陶献计说："今天可怕的敌人不是汪精卫、陈济棠，真正能动摇政府根基，分散黄埔力量的，只有邓演达一人。"又说，"为今之计，对邓演达处置应严，对学生处置则应从宽。"这一席话，使蒋介石杀机立决。这时候，黄埔军校毕业生又联名保释邓演达，蒋介石没有想到，邓在黄埔军校学生中的威望如此之高，以后东山再起，邓演达必是一大障碍。黄埔军校毕业生的举动更坚定了蒋介石杀邓的决心。

11月29日深夜，蒋介石的卫士长王世和谎称要将邓转移至汤山囚禁，带一排卫士将邓演达押上汽车，向着汤山方向疾驶。半路上，车子停了下来，邓被带下车，就在黎明前漆黑的夜色里，他被枪杀在麒麟门外沙子冈一处事先挖好的土坑里，年仅36岁。

解放后，邓演达灵柩移葬于风景秀丽的紫金山麓中山陵左侧，与廖仲恺陵墓左右并峙，象征廖、邓是孙中山先生革命理想的忠实追随者。　〉邢建榕

> 历史文化百科

〔蒋介石的黄埔系〕

蒋介石因任黄埔军校校长，后来所带兵将多以黄埔师生为主干，形成他的嫡系部队。黄埔军校也奠定了他一生事业的基石。通常他的黄埔系由两路人马组建：一是核心的准黄埔系元老派，他们原多出自留日士官生和保定军校，黄埔时代充任教职人员；一是陈诚、胡宗南为首的黄埔系少壮派。

士官系：日本陆军士官学校留学生。

蒋介石系：蒋介石、张群、黄郛、何应钦、钱大钧、顾祝同、汤恩伯、何成濬。

非蒋系：许崇智、阎锡山。

世界大事记

12月，德国大众汽车公司成立。

田夫《巴金的家和〈家〉》
巴金《巴金散文精编》

救亡 启蒙

巴金 李尧枚

人物 关键词 资料来源

〇二六

巴金与《激流三部曲》

巴金出身于封建没落家庭，这为他完成《激流三部曲》提供了最鲜活的素材。

1931年4月18日，一则套红广告出现在上海《时报》第五版的右上角处："本报今天起连载新文坛巨子巴金先生长篇小说《激流》，按时刊登一千余字，不致间断，阅者注意。"广告下方是首期刊出的《〈激流〉引言》和第一章《两兄弟》的起头几段。多少年过去了，这份报纸已是难觅踪影，但它却让许多读者第一次认识了巴金和他的小说。

巴金的家与《家》

1904年，巴金出生于成都一个封建宗法色彩浓厚的官宦家庭。虽然从小过着养尊处优的生活，"跟着私塾先生学一套立身行道、扬名显亲的封建大道理"，巴金却发自内心地痛恨封建礼教的伪善、做作。看着李氏大宅门里上演的一幕幕悲剧——封建专制吞噬着年轻人的自由甚至生命，少年巴金仿佛"听到年轻生命的痛苦呻吟"，这成了他童年始终挥之不去的阴影。

诚如巴金自己所说："倘使我没有在封建大家庭里生活过十九年，不曾身受过旧社会中的种种痛苦，不曾目睹人吃人的惨剧；倘使我对剥削人、压迫人的制度并不深恶痛绝，对

20世纪30年代巴金在桂林

真诚、纯洁的男女青年并无热爱，那么我绝不会写《家》、《春》、《秋》那样的书。"

当年《时报》连载的就是巴金《激流三部曲》的第一部：《家》。

《家》以五四后新旧思想猛烈涤荡的社会为背景，描写了1920年冬到1921年夏末四川成都一个封建大家庭高公馆的分化、没落，以及生活于这片屋檐下的一群年轻人在封建礼教束缚下各不相同的命运。长子觉新和几个柔弱女性——梅、瑞珏、鸣凤等在虚伪、凶残的高老太爷、克明、克安、克定等封建卫道士的压迫、摧残下，不堪重负，终成悲剧。与之形成鲜明对比的是，以次子觉民和三子觉慧为代表的"叛逆者"，他们唾弃、蔑视腐朽的封建专制，敢于向旧制度挑战，追求自由、爱情与幸福。

早在1923年，巴金就奋力挣脱旧家庭的禁锢，奔向上海、南京，继而又远渡重洋赴巴黎求学，"找寻一条救人、救世也救自己的路"。

巴金在法兰西受到了卢梭、雨果、左拉和罗曼·罗兰等大文豪的作品启蒙，学会了写小说，学会了把写作

巴金和大哥李尧枚（上图）

1929年，巴金与大哥在上海，这是兄弟俩最后一次会晤，也是最后一幅合照。巴金对大哥怀有一种深挚的兄弟之情。他就是以大哥为原型，塑造了《家》中主角觉新的饱满形象。

中国大事记　12月30日，红一方面军龙冈和香火岭战斗大捷，粉碎国民党军队对中央苏区第一次军事"围剿"。

1933年巴金补写《家》的手稿之一

和生活融合在一起。在法国留学的日子里，他写成了小说处女作《灭亡》。

一部为大哥而写的书

1928年底，巴金回到上海，并定居下来，开始了文学创作生涯。童年的岁月已渐渐远去，但幼年时封建家庭的那段生活却时常在他脑海里浮现，尤其对逆来顺受、委曲求全的大哥李尧枚，他总是哀其不幸，怒其不争。"为我大哥，为我自己，为我那些横遭摧残的兄弟姊

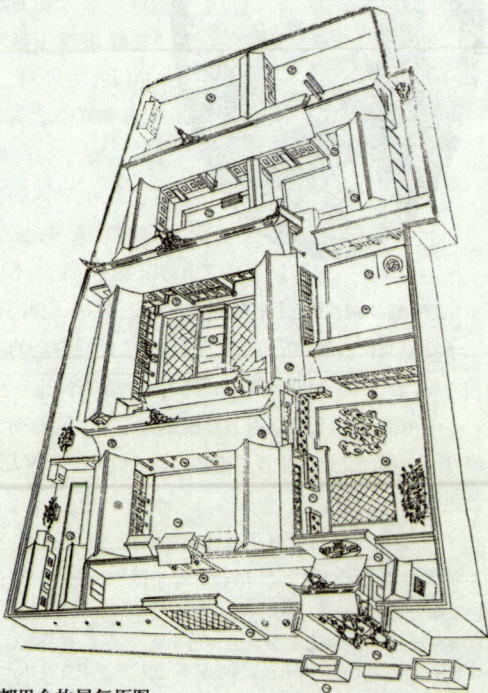

成都巴金故居复原图

1933年5月上海开明书店首次出版的"激流三部曲"

妹，我要写一本小说，我要为自己，为同时代的年轻人控诉，伸冤。"巴金为此反复酝酿了3年，没曾想李尧枚也十分赞成弟弟的想法，还鼓励他以家里的人物为小说主人公。

1931年初，经人介绍，《时报》文艺版编辑吴灵缘约请巴金为该报写一部连载小说，巴金一口应允，并很快完成了小说的开头部分，并将原来的题目"春梦"改作"激流"。

小说中，第一主人公觉新的原型就是大哥李尧枚。巴金原本希望大哥能够读到它，希望能用这部小说去唤醒大哥，所以他还订了一份《时报》，打算按日剪报，寄给大哥阅读。

不料，就在《激流》见报的第二天，老家就传来了大哥服毒自杀的噩耗。兄长的死让巴金悲痛异常，而恰巧那天他刚刚写就第六章"做大哥的人"。巴金在自己的房间里呆呆地站立了一两个钟头，"万不想大哥连小说一个字也没有能读到"。

悲剧的发生更坚定了巴金的写作决心，他连夜开始写第七章"旧事重提"。

成都老宅里19年间的爱憎悲欢一股脑地冲上巴金心头，化作源源不断的文思涌向笔端。在宝山路宝光里14号的石库门里，"每天每夜热情在我的身体内燃烧起来，好像一根鞭子在抽我的心，眼前是无数惨痛的画面……它们使

本年，英国人贝尔格最先实现电视图像和声音同时发播。

3岁的巴金在外婆的怀抱里

巴金和电影《家》剧组人员在一起

使我的手颤动……不能制止地迅速在纸上移动，似乎许多人、许多人都借我的手来倾诉他们的痛苦"。

巴金就是在如此不能自已的激愤中夜以继日地创作，每一部分几乎都是一气呵成。1931年年底，《激流》杀青了，小说在《时报》上连续刊载了246期。

1933年5月，这部作品由开明书店初次出版单行本时，正式定名为《家》，成为"激流三部曲"的第一部。至1985年末，《家》总共在国内印行了52版(次)，发行量逾千万册，并无数次被搬上戏剧舞台、银幕和荧屏，成为"新文学史上拥有最多读者的一部小说"。

完成《激流三部曲》

《家》出版了，但巴金觉得高家的故事并没有写完。1936年，巴金在创办《文季月刊》的繁

忙工作之余，开始了《春》的写作，其间时断时续，直至1938年初离开"孤岛"上海之前才告完成。《春》主要讲述的是淑英和蕙的故事。这两个性格相似的少女因为环境不同，她们的结局大相径庭。蕙遭虐待而痛苦地死去，淑英却在堂哥们的帮助下逃出了高公馆这"吃人"的"囚笼"。

巴金觉得《春》依然漏掉了高家许多事情，特别是没有展现这个大家族"树倒猢狲散"的场面，觉新的故事也需要告一段落。因此，从1939年10月起，他坚持每天晚上9点以后动笔，一直写至凌晨两三点，仅仅花了7个月的时间又续写成了《秋》。巴金说："我并非卖弄技巧，我不过想用辛勤的劳动来弥补自己作品的漏洞。"

《秋》延

被译成多种外文的巴金小说《家》

巴金在上海与家人合影

巴金和外孙女端端

续了《家》和《春》的故事，刻画了高家在时代风雨冲击下最后崩溃的过程。可是《秋》写到高家"木叶黄落"的时节便结尾了，因为巴金认为"'死亡'已经到了高家的门口。不用我来描写，读者也看得见"。

对于这三本书，巴金自己有一个总结："《春》是《家》的补充，《秋》又是《春》的补充，三本书合在一起便是一本叫做《激流》的大书。"正是这部"家族史"，奠定了巴金在中国文坛上的地位；也正是这部书，成为了批判封建制度罪恶的有力武器，激荡并震撼着一代又一代青年读者的心灵。　〉邢建榕

20世纪二三十年代长篇小说（部分）			
名称	作者	出版年月	附注
子夜	茅盾	1932	第一部有规模的长篇小说，以小说两个月的时空写了社会众生相
家	巴金	1933	《激流三部曲》第一部
边城	沈从文	1934	乡土小说，仅7万字，被定格为最短的长篇小说，可视作一部最长的诗
革命前的一幕	陈铨	1934	社会小说
第三代	萧军	1937	乡土小说，第一、二部写于1937年；第三部为1957年写作的《过去的年代》，全书为80万字
大河小说	李劼人	1936	乡土小说，第一部《死水微澜》；第二部《暴风雨前》；第三部《大波》，未写完
骆驼祥子	老舍	1937	社会小说，16万字。被称为无一句败笔，许多描写，还可作散文读

溥仪《我的前半生》
范克明《张学良传》

溥仪 土肥原
怯懦 卖国

人物 关键词 资料来源

〇二七

傀儡溥仪

好像浑身都着了火

1929年，隐居天津的溥仪从张园迁往乾园居住，他把"乾园"改名"静园"，含有"静待时机"、"静待变化"的意思。在遗老遗少们团团簇拥下，溥仪仍时刻向往复辟，做皇帝。

日本军国主义在东北建立傀儡政府，希望扶植新的代理人，原先的理想人选是张学良，张学良坚决抵制；又曾找前恭亲王溥伟搞"明光帝国"，也不了了之，于是选定了溥仪。

九一八事变后，日本军国主义加速了对溥仪的拉拢、扶植。

溥仪也向日本军国主义暗送秋波，希望他们能够帮助自己重夺帝位。

1930年9月30日，遗老罗振玉奉日本关东军军部命令，给溥仪送来一只大信封，那是在九一八事变时降敌的吉林省长熙洽写的，信中转达了关东军愿意扶植溥仪重登大统的意向。

溥仪读了大喜，立即按信上所说，独自一个人秘密前往天津日军司令部，再次获得日军信誓旦旦的承诺。在回来的路上，溥仪欣喜若狂，用他自己后来回忆的话说是，

溥仪被赶出紫禁城，心实不甘，仍梦寐以求想恢复"大清王朝"。日本军国主义乘机把他带到东北，当了傀儡政权的傀儡皇帝。

溥仪在天津

从1925年到1931年，溥仪在天津滞留了七年，在这段时间里，他与日本各方都有联系，有待复辟。图为溥仪与妻子婉容，当时两人尚亲密。

"好像浑身都着了火"。

竟用"宣统皇帝"名义发"谕旨"

遗老郑孝胥知道后，认为机不可失，力劝溥仪积极准备。溥仪心里琢磨，也认定这回复辟真个有十之八九的把握了，他赶紧连续用早被废除了的宣统皇帝名义颁发"谕旨"，先后赏赐在东北投降日军的张海鹏和贵福，封张海鹏为总司令，贵福为北路军司令；此外他还"传谕"正在与张海鹏作战的马

091

溥仪与郑孝胥

占山,要他归顺后,做西路军司令,又预备了一大批写有各种官衔的空白"谕旨",准备随时填上姓名封赏某人。

　　溥仪还听从郑孝胥建议,选用黄绢写了两封亲笔函:一封给新上任的日本陆相南次郎大将;一封给日本黑龙会首领头山满。郑孝胥还特地在每个黄绢的空白处,分别写了"宣统御宝,今上御笔"八个字。

同德殿溥仪宝座

同德殿皇宫内殿,中为专设的所谓康德皇帝宝座,乃溥仪在坐朝时正儿八经与臣下谈话之处。

伪满皇宫—同德殿

长春的伪满洲国同德殿皇宫外景旧址。当年伪满皇宫,乃日本人设计,其大黄琉璃瓦屋顶是中式的,但殿脊安装却是日式的,给人有似中似日,似古似今的四不像感。太平洋战争时,为防空袭在屋顶做了一层伪装网,可效果不好,人称"假宫殿"。

溥仪与家人在天津静园合影

溥仪拒绝蒋介石的优待

　　11月20日深夜,溥仪在静园悄悄地会见了一个特殊人物,那就是在中国潜伏了十八年的日本特务头子土肥原贤二。

　　土肥原贤二自称代表大日本帝国,前来帮助溥仪去

伪满洲国执政溥仪

溥仪一心想做皇帝，当即表示，要是民主、自由的国家，我不去。

土肥原说："当然是大清帝国，这是没有问题的。"

溥仪说："如果是大清帝国，我就去。"

一个愿打，一个愿挨，这笔交易很快就达成了。土肥原离开后，溥仪把此事讲给遗老遗少们听，他们多数不赞成。八十四岁的帝师陈宝琛劝诫说：这样容易到手的果子，是个圈套。皇上如果再次吃亏，更令人寒心。郑孝胥竭力赞成，声言：机不可失，时不再来。

溥仪决心已定，从此走上了卖国求荣的不归路。

尽管土肥原是秘密找溥仪谈话的，在南京的蒋介石仍是知道了。他派国民党监察院委员、前清遗老高友唐去见溥仪，向他承诺只要答应不迁往东北或日本定居，可以恢复清室优待条件，可以随时住在北平或南京，还可以给一大笔钱。溥仪故意说：蒋介石这个人没有信用，高友唐保证所有承诺，都可由外国银行作保，但他仍拒绝了。

一筐水果，两个手榴弹

日本人知道阴谋已经暴露，赶紧要溥仪离开天津去东北。几天后，静园又接到一筐水果，说是送给溥仪的，打开一翻，底层塞了两只手榴弹。日本驻军如临大敌，煞有介事地成立了调查组，派士兵封锁了静园通道，凡进出的中国人要凭特别通行证，而取得特别通行证的就只有郑孝胥和他的儿子。

过了几天，土肥原对溥仪说，经过调查，这两只手榴弹是东北兵工厂制造的，暗指这乃张学良所为。溥仪大惊，感到天津已不安全，土肥原趁机要他迅速离开。四天后，溥仪和郑孝胥等人在日本便衣掩护下出关。

四个月后，溥仪在长春宣布出任伪"满洲国执政"，一年后，又粉墨登场，做了伪"满洲国皇帝"。

溥仪倒行逆施，认贼作父，为国人所不齿。他的生父，原摄政王载沣拒绝赴长春，宁愿在北平靠变卖家产度日；他的叔叔载涛，也多次不应召，始终生活在北平，过着摆地摊、做小本生意的平民生活。他们都保持了民族的气节，值得称道。 ▷盛巽昌

日本关东军宪兵司令部成员

〇二八

影坛一把火

上世纪二三十年代，上海有50家大大小小的电影公司，共拍摄了四百多部电影，内含武侠神怪片约250部，其中《火烧红莲寺》更是开创武侠影片之先河，且连续放映三年之久。

开武侠片之先河

张石川是上海明星影片公司的老板兼导演。有一天，他发现儿子在厕所里偷看闲书，大为光火。臭骂儿子一顿之后，随手拿起那本书，原来是平江不肖生的《江湖奇侠传》。他读了几页，竟因情节离奇，看得爱不释手，读着读着，忽然来了灵感，觉得这部充满了奇妙幻想的小说，如果搬上银幕，一定会卖座。

当时，电影公司竞相拍摄了许多古装荒诞、言情片。这些古装片往往是将舞台上走红的连台本戏照搬上银幕，如《狸猫换太子》、《盘丝洞》、《济公活佛》。但看多了，套路雷同，就厌烦了。

张石川与同辈郑正秋商量，郑当时还兼任公司的编剧主任，同意将小说改编成剧本。

很快，郑正秋据《江湖奇侠传》第八十一回"红莲寺和尚述情由"等章节，改编出剧本，讲述红莲寺僧人作恶多端，被陆小青等侠客所铲除的故事，定名《火烧红莲寺》。张石川读了剧本后，决定由自己执导。

这是我国电影史上的第一部武侠片。武侠片的关键是特技。摄影师董克毅极为用心，他据美国杂志上的只言

"影后"胡蝶

片语，凭借丰富的摄影经验作技术创新，精心设计了银幕上的"飞行"场面。后来观众看到女侠在空中飞行的时候，裙裾飘飘，如"空中飞人"，无不如醉如痴。其实，董克毅是用钢丝将她吊起来，用滑轮推动，下面用巨型电扇吹风，才实现了中国电影界没有先例的飞侠形象。

这就是中国武侠电影的传家之宝——吊钢丝。

历经三年，风靡全国

1928年5月13日，《火烧红莲寺》在上海中央大戏院首映，随后在全国各地陆续公映。

银幕上，侠客们腾云驾雾，刀剑满天飞，这些新奇的电影特技，成为武侠神怪片最大的卖点。

顿时，上海各大影院人满为患，观众如潮，风靡全国。

张石川十分兴奋，决定乘势拍摄第二集，继续自编自导。早在拍摄第一集的时候，他已经预留了伏笔，即在第一集末尾，在众侠客的追杀中，红莲寺的大和尚逃脱了。

为吸引观众，《火烧红莲寺》从第二集开始，张石川对剧本的改编不再拘泥于原著。有时，他找上一帮朋友，一起喝茶聊天，天马行空，侃剧本，怎么能吸引观众，就怎么拍。《火烧红莲寺》共拍了18集，最后一集于1931年6月上映，前后经历三年之久始终围绕着"红莲寺"做文章，情节却愈发离奇。

除了由郑正秋之子郑小秋扮演的男主角陆小青和夏佩珍扮演的女侠甘丽珠外，从第二集开始，又请出了明星

《火烧红莲寺》导演郑正秋（上图）

世界大事记

2月25日，美国"全国失业保险日"，40万失业者示威游行。

《梁羽生散文选》
《胡蝶传》

张石川 胡蝶

革新 灵感

人物　关键词　资料来源

公司的女演员胡蝶加盟。

胡蝶走红

胡蝶在片中扮演轻功了得的侠女红姑。

这是胡蝶首次饰演动刀舞剑的武人。她对这个角色非常喜欢，在拍摄中也相当认真，一丝不苟。有一个镜头，是胡蝶饰演的红姑和另一个男演员在空中表演飞天走人，两人绕来绕去，突然胡蝶发觉自己要下坠，大吃一惊，就在这时男演员抱住了她，与她一起安全着地。胡蝶着

明星电影公司办公室（上图）

地，不慌不乱，继续扮演片中角色。事后，她才感谢男演员救了她，免于伤亡事故，而那个男演员却再三向胡蝶致谢。原来是他背上的钢丝断了，要不是迅速抱住胡蝶，就会造成一场惨剧。

当时的中国电影，正处于无声片到有声片转型阶段，影片乃是黑白分明。

张石川、郑正秋等人，为了突出红姑的第一角色的"红"，在拍摄后的胶片上，特意对她的形象作了人工着色，以致胡蝶饰演红姑更加显著，更加醒目。

果然，影片放映后，红姑因胡蝶走红，胡蝶因红姑更红，两者相得益彰。胡蝶更获得成千上万的影迷，很多酒楼、舞厅的招牌取名带有"蝶"字，不少名门闺秀以名字里带"蝶"为荣；所生育的女性婴儿也以取名

《火烧红莲寺》剧照（左上下二图）
女侠红姑（胡蝶饰，下图右一飞天者）在红莲寺里与小侠陆小青（郑小秋饰，下图左一）、甘丽珠（夏佩珍饰，下图左二）联手与恶僧师徒搏斗。

中国十大女影星合影（左图）
从左至右：龚秋霞、罗兰、孙景璐、陈娟娟、陈云裳、胡蝶、周璇、李丽华、白光、王丹凤。

"蝶"为时髦。

当时北京大学教授钱萦隐就胡蝶饰演红姑一炮而红，写有《蝴蝶曲》以记此事：

海山遍吸人间电，玉奴一到开生面。

幻魄初传谢氏情，断肠替写英台怨。

笼眼琉璃一笑温，娟娟过幔影无痕。

夺来天上三分月，销得江南十万魂。

〉邢建榕

胡蝶与华裔好莱坞影星黄临霜（下图）

〉历史文化百科

〔民国武侠小说〕

20世纪二三十年代，文化创作风行武侠、言情小说，其中专写武侠的作者，有向恺然（平江不肖生）、赵焕亭、王度庐、顾明道以及40年代见红的还珠楼主、宫白羽等人。

向恺然以《江湖奇侠传》（《近代侠义英雄传》）知名，由此书章节改编的《火烧红莲寺》，拍摄为电影后的三年里，上海的五十余家电影公司，拍摄的武侠神怪片竟有250种，几占此时期所拍摄的影片60%。

由于这些武侠片走红，遂使某些人群，尤其是少年，还以为确有此事，从而离家出走，深山求仙，如鲁迅说："几个店家的小伙伴，看剑侠小说入了迷，忽然要到武当山去学道的事，这倒很和'堂·吉诃德'相像的。"

张永滨《张学良大传》

张学良 蒋介石

犹豫 救亡

张学良 蒋介石

人物 关键词 资料来源

〇二九

放弃抵抗，学会依赖

1931年9月初，日本关东军已完成了侵占东北的最后部署，把驻朝鲜的两个师团移防图们江畔，举行以中国为假想敌的水陆大演习，又将司令部由大连迁至沈阳。

日军大规模的军事行动一触即发。

当时东三省有东北军二十多万人，而且还有飞机、重炮等武器。而发动事变的关东军，因事先没有得到日本内阁和天皇的认同，所能调动的也就一万多人。

张学良急了，多次向蒋介石电告日军动向，请求对策。

蒋介石仍奉行"攘外必先安内"的政策，调兵遣将"围剿"红军。他回电说："无论日本军队此后如何在东北寻衅，我方应不予抵抗，力避冲突。"张学良就此通令东北的各军长官：凡事慎重，凡有日军挑衅之事，竭力避免，不可与其冲突对抗，以免扩大事端。

蒋介石恐怕张学良不能领会电报的意思，又特地乘专车赶来，在石家庄和张学良碰面会谈，再三

"九一八"事变

1931年东北地区剑拔弩张，日本侵略者虎视眈眈，先后挑起了"万宝山事件"、"中村事件"。因张学良实行不抵抗政策，日本终于侵吞了东三省和热河。

嘱咐："切勿抵抗日军。"

张学良走下列车后，东北军军长何柱国打听蒋介石都谈了些什么。张学良叹了一声，说："要我们打不还手，骂不还口，我们好向国际联盟说话。"

蒋介石要张学良听他的话，依赖国联，若干年后，张学良回忆说当时是自己对日本方面判断错误，同时迷信条约的神圣，错估国联的制裁力量。所以自始至终，竭力避免事端扩大，以期易于解决。其实国联就是日本和它的盟友德国、意大利操纵的一个驯顺工具，正如两个月后张学良《关于国联的宣言》里说的，《国联盟约》、《非战公约》与《华盛顿九国公约》都得丢进废纸篓。

战事起，硝烟无

9月18日，日本关东军终于挑起了沈阳

"九一八"事变爆发时东北的最高长官张学良（上图）
"九一八"国耻纪念碑（右图）

中国大事记

3月20日，西北学术考察团建立，决定对西北作地质、生物、人种等考察，为期四年。

东北民众抗日救国队开赴抗日前线

柳条湖事件的爆炸现场

事变，即"九一八"事变。

当晚，关东军将自己严密控制的南满铁路沈阳北郊柳条沟附近的一段路基和桥梁炸毁，却诬蔑是中国军队所为。

尔后不久，日军就向东北军重兵把守的北大营开日军炮兵盲目远击（下图）

东北义勇军神出鬼没，日军无可奈何，只得以青纱帐为目标，远距离地射击。

火，攻入营门；同时炮轰兵工厂、迫击炮厂，占领所有军政机关，贴上日军占领封条，把守四关城门，解除军警武装，任意枪杀民众。因荣臻命令中国官兵把枪放在仓库里，他们也手无寸铁，只有听凭驱杀。

第二天上午十时，日军完全占领沈阳。

此后几天，各支日军同时行动，又陆续占据营口、长春、安东、吉林和昌图等多座城镇。

关外几十万东北军执行张学良命令，不抵抗，不放一炮一枪忍痛背离乡土，退入关内。

张学良与谁共舞

9月18日当夜，身在北平的张学良在做什么呢？几天后的日本通讯社故意造谣，说这天晚上，他正在和电影皇后胡蝶小姐在跳舞。这当然是日军故意抹黑张学良。

其实这天晚上，张学良也很忙碌。晚饭后先是和宋哲元等北方将领谈论时政形势，接着又为筹募辽北大水灾救灾基金之事，携夫人于凤至及赵四小姐出席在前门外中和剧场举行的京剧义演。正当台上梅兰芳饰演《宇宙锋》的赵女装疯，痛骂秦二世时，忽然随从副官奔进来报告，沈阳有长途急电。

张学良当即退席，返回协和医院住处。这是东北边防军司令长官公署荣臻参谋长打来的电话，内称：日军

"九一八"事变及日本侵占东三省要图（1931年9月18日～1932年2月）

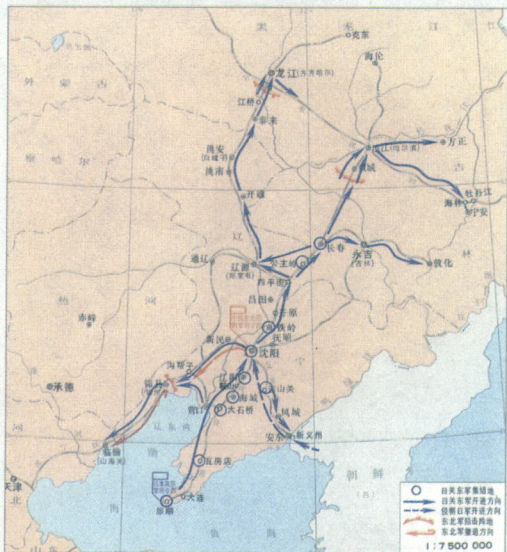

燃烧的北大营

袭击北大营，诬称我方炸毁柳河铁路路轨，现已向省城进攻。张学良听了，说："随时报告日军动向。"

突然，电话中断了。日本占据了市区电话局，切断了通往关内的所有电话线路。

一个小时后，荣臻发来急电向张学良报告了事变详情。张学良要荣臻不抵抗。他仍以为是日本少壮派在煽动，如果打起来，会给对方以可乘之机。在与东北军将领和外交人员顾维钧、罗文干等商议后，他们一致认为事态不会扩大。 〉盛巽昌

东北人民流离失所

江桥之战

九一八事变后，马占山在东北第一个举起抗日大旗，成为20世纪30年代初期全中国家喻户晓的英雄。

想得到黑龙江，让他拿血来换

马占山从小没有读过书，八九岁的时候给人家放牧，练就了一身出色的马上功夫，后来上山当了"胡子"。日俄战争后，清政府收编民团，马占山成为清军哨官。民国成立后，马占山成为奉军的一员战将，因军功由连长开始擢升，到九一八事变前，他已成为一军之长。

1931年"九一八"事变爆发时，黑龙江政府主席万福麟恰巧去了北京，当时的黑龙江群龙无首。东北军执行不抵抗命令从东北撤退。10月10日，张学良任命东北军两朝重臣马占山为黑龙江省代主席兼军事总指挥。

日本方面任命原洮辽镇守使张海鹏为黑龙江省长。汉奸张海鹏公开要求马占山将黑龙江省政权让给他，表示愿出500万美金请马出国游历。马占山怒不可遏地对来使说："马占山决不出卖黑龙江！你回去告诉本庄繁，他如果想得到黑龙江，让他拿血来换！你们不要看不起中国人，妄图拿钱来收买我！"

对日军最后通牒嗤之以鼻

10月16日，张海鹏部3个团向黑龙江进犯，被黑龙江守军击退。黑龙江守军为了防止敌军再次进攻，将嫩江大桥炸毁了3个孔。

日军要占领黑龙江，必先打通嫩江桥。马占山将2个骑兵旅、3个步兵团共13000人，布防于江桥、大兴一线。日本照会马占山，限他11月3日前修复江桥，若马占山届时未予修复，日军将使用武力。马占山对日军的最后通牒嗤之以鼻。

日本方面鼓动黑龙江的二百多个绅商向马占山请愿，要求马占山顾全地方，不要轻易与日本人开战。马占山说："我有守土保民之职，如果打不过日本，尚可保我中华民族之人格。日本如不逼我太甚，一切问题当由外交解决。"

11月2日，亲日派聚众劝说马占山放弃抵抗，把政权交给张海鹏。马占山拍桌而起，怒不可遏地说："黑龙江寸土尺地决不能让与敌人。我决定与日本拼命，保护我领土。如果我打错了，你们把我的头割下来向中央领罪。"马的卫队团长徐宝珍拔出手枪，说："再有主张议和者，以汉奸论处。"亲日派唯唯诺诺而去。马占山当

马占山送给良友画报馆的照片

刘书良《黑土骁将
——马占山将军》
赵勤轩《马占山抗日传奇》
爱国 胆识
马占山
人物 关键词 资料来源

指挥江桥抗战的马占山

众宣布："日军如果入侵，我军即行抵抗！"

江桥抗战

日本方面见文的不行，就上演了全武行。11月3日，日军在飞机大炮的掩护下强行修复江桥。11月4日拂晓，日军四千余人在7架飞机、4辆铁甲车和数十门山炮的掩护下对江桥发起进攻。马占山闻讯后拍案而起："战亦亡，不战亦亡，与其不战而亡，何如誓死一拼以尽天职！"说罢他命令守军坚决还击，打响了中国正规军

江桥阵地(下图)
中国军队守卫嫩江江桥阵地，枕戈待旦。

东北抗战的第一枪，这就是著名的江桥抗战。

马占山向守桥部队发布命令："候敌到百米极有效射程内给以严重打击。如果没有我的命令而擅自退却者，军法从事。"马占山部在江桥北侧以猛烈炮火向日军发起进攻。上午7点，日军向江南逃窜，遭马部阻击，伤亡惨重。

晚上6点，日军五百多人再次向江桥发起进攻。马占山预先部署骑兵拦截日军的增援部队并从两翼夹击日军。马占山趁日军队形混乱之机，指挥官兵冲向敌群，与敌人展开白刃战。马占山有意让两军混战在一起，迫使日军飞机、大炮、铁甲车等停止射击。战至晚上8点左右，日军溃逃，在江桥留尸四百余具。马占山随即下令，将江桥炸毁。

深夜，日军组织偷袭，被马占山部击退。6日，日军集中4000兵力、8架飞机、20门大炮发起进攻。马占山亲临第一线指挥，部队官兵受到鼓舞。由于敌我力量悬殊，日军占领了大兴车站。守桥部队被迫撤退到第二防线。

11月11日，日军致电马占山，要求他下野。马占山说："下野本无不可，但要有中国政府的命令。"17日，日军组织了一万一千余人从正面和侧翼进攻马占山部，马占山部守军二千余人拼死抵抗，打退了日军十多次进攻。18日，马部因部队伤亡惨重、后援不继，被迫撤退。

从11月4日到18日，马占山打退了日军多次进攻。日军兵力最多时达到三万余人，而马占山部仅一万余人。在敌我力量对比极为悬殊的情况下，马占山在嫩江河畔以伤亡二千余人的代价击毙击伤敌伪六千余人。

人人争购"马占山将军牌"香烟

江桥抗战虽然未获全胜，但马占山的英勇抵抗使国难当头的民族精神为之一振。全国各地的声援信件和电报如雪片般飞到马占山指挥部。中共满洲省委组织各界人士成立"抗日援马代表团"到前线慰问抗敌官兵，八百多当地民众自发到前线修筑防御工事。许多学生自发组织"援马团"，进行募捐活动。苏联《真理报》、美国《纽约

马占山香烟广告
江桥一战，马占山声名大振，沪上商家借机推出"马占山将军"牌香烟。

时报》、法国《法文日报》、英国《泰晤士报》均报道了江桥抗战，高度赞扬马占山。

为了支持马占山将军抗日，上海福昌烟公司特意赶制了一种香烟，将之命名为"马占山将军牌"香烟，并决定每箱贡献慰劳金国币拾元。沪上各报争相报道马占山抗战消息并为"马占山将军牌"香烟做广告，在上海形成一股人人争买"马占山将军牌"香烟的高潮。几天之内，"马占山将军牌"香烟由1元钱3听涨为1元钱2听，可即使这样还是供不应求。

上海大亨黄金荣为马占山题词："愿人人都学马将军。"著名教育家陶行知赋诗曰：

神武将军天上来，浩然正气系兴衰。

手抛日球归常轨，十二金牌召不回。

》华强

江桥抗战纪念雕塑

严如平《民国人物传》
钱宗灏《旧闻珍影》

胡文虎　勤奋　才华

人物　关键词　资料来源

○三一

万金油大王
胡文虎

胡文虎凭借聪明才干革新传统医药行业，取得了重大成功。

生意清淡，家业难维

1908年缅甸仰光永安堂中药铺的老板胡子钦病故，家业由儿子胡文虎、胡文豹兄弟共同继承。

他们的母亲语重心长地说："现在你们的父亲已经故去，我们永安堂的家业要不衰败下去，只有靠你们了！"胡氏兄弟决心将父亲的事业发扬光大，然而在20世纪初，西药已经在亚洲各地流行，人们发烧感冒的话，只需要服用几片小药丸即可，何苦劳神费心煎汤熬药呢？

显然，这是对传统中药店的最大冲击。

何况，胡文虎、胡文豹兄弟的医术与名望，都不及自己的父亲，来永安堂看病的人一天比一天少。眼看生意清淡，母亲却对他们信心十足，还将自己的全部私蓄2000元拿出来，交给兄弟俩，让他们出去走走，见见世面。

两人非常感动，胡文虎说："我不把永安堂变一变就不叫虎。"他下定决心要干出一番事业来。

"借西风"研制万金油

1909年，胡文虎回大陆并到日本、泰国等地考察中西药业，文豹则留在仰光经营。

文虎在考察中发现，西药的价格尽管比中药贵许多，但销路很好，主要原因是中药服用不方便。他看到了出路何在，说："诸葛亮能借东风，我文虎却要借西风了。"

第二年胡文虎回到仰光，尝试将中药西药化，以此与西药竞争。

胡子钦早年曾用一味从国内带去的"玉树神散"给人治病，疗效颇好。胡氏兄弟便在祖传秘方的基础上，参照其他古方，采取西药的科学制作方法，研制出一种携带方便、价格便宜的新药——万金油。

万金油能治感冒、头痛、晕车船等，南洋气候炎热，人容易中暑，头痛头晕为常见症状，为了推广宣传自己的万金油，胡文虎一开始曾在仰光摆地摊，免费向路人发放，同时委托仰光的一些药店寄售，由于价格低廉、确有药效，很快就赢得了顾客的信任。

除此之外，胡氏兄弟聘请西药药剂师研制丹、膏、丸、散等简便成药百余种，最后经过精心挑选，推出万金油、八卦丹、头痛粉、清快水、止痛散等五味药品，均以价格低廉、功效显著，服用方便著称。

药品有了，用什么商标呢？胡文虎想到，虎在当地民间是力量、吉祥的象征，有祛毒辟邪的功用，又与自己的名字相关，便设计了以老虎为图案的商标，统称五大"虎标良药"。其中，虎标万金油名气最大。

"招财虎"

虎标良药的问世，为永安堂带来了新的发展机遇，1926年胡文虎在新加坡建造的新药厂举行开业典礼，同时宣告成立永安堂总行，而仰光的永安堂老店则留给

胡文虎在上海（上图）
胡文虎多次来到上海，为抗日捐助巨款。图为在上海时招待平民医院募捐代表。

胡文虎与林森

1935年胡文虎（左一）海外归来，特地赴南京恭谒中山陵，并分别拜会南京民国政府诸领导人。图为与国府主席林森（右一）合影。

胡文豹经营。

新加坡是国际贸易大港，华人众多，胡文虎将永安堂从仰光迁到新加坡后，在事业上又取得一次跃进，业务蒸蒸日上。

原先在仰光生产的万金油，是玻璃瓶流质状，容量较大，售价每瓶1元，后改为小玻璃瓶；这时再改为小铁盒软膏装，便于随身携带，价格仅售1角，大受顾客欢迎，销路日开。

胡文虎又向东南亚和国内进军，1932年，他把总行从新加坡迁到香港，并在广州、汕头建制药厂。在曼谷、巴城、棉兰、台湾、上海、天津、汉口、重庆、广州等地广设分行或分销机构，遂声名远播，成为东南亚家喻户晓的"万金油大王"。30年代中期，虎标万金油一项的年销量就达200亿盒，获利丰厚。

1935年10月，第六届全国运动会在上海举行，马来西亚华侨代表队共二百余人回国参加比赛，总领队就是胡文虎。比赛期间，胡文虎定制了一辆虎头型的美国福特汽车，喇叭也很特别，叫声像老虎，它在上海的主要马路上行驶时，不断发出虎吼声，行人无不惊讶万分，经常有

20世纪三四十年代常见于海内外的"虎标万金油"广告

人在后面尾随围观，报纸上也登出引人入胜的报道，称"虎头汽车进上海，阿拉成了乡巴佬"。

享誉世界的报业家

胡文虎凭万金油发迹后，转而对办报发生兴趣。他说："我办报纸，一是为了虎标药品做广告，省得求别人登广告，被敲竹杠；二是使华侨了解祖国，热爱家乡，中国人不爱中国那不是跟畜生一样么！"真是一举了两得，何乐而不为。

凭着他的经济实力和过人的魄力，最终建立起了覆盖东南亚和国内的庞大的"星"系报业王国，如《星洲日报》、《星岛日报》、《星光日报》等，共有16家中英文报纸，成为享誉世界的报业家。

1938年元旦，由于胡文虎对英属马来西亚等地公益事业的贡献，他获得了英王乔治六世特颁的英帝国文官勋章（O.B.E），他作为星系报业的总裁，其名气也超过了永安堂主人的头衔，但在东南亚和中国广大民众的心目中，他的"万金油大王"的头衔却是家喻户晓，产品迄今畅销不衰。 》邢建榕

历史文化百科

【国民政府迁都洛阳】

1932年，日本在上海发动"一·二八"事变，企图占据上海而威逼南京，谣传日军要袭炸上海。

1月30日，汪精卫代表国民政府宣布迁都洛阳，并以西安为陪都，此后南京一千余名高官前往，其中有国府主席林森。但洛阳贫穷，难以承担，且南京政府多数繁忙的部会仍因公事留在原地，蒋介石、汪精卫也分住在火车上，沿着陇海线各站去来来。

5月5月，《淞沪停战协定》签订，国民政府各机关于5月30日全部返回南京。

世界大事记

6月，日本大日本生产党成立，内田良平任总裁，头山满为顾问。

王晓建《回忆宁都起义》《宁都起义纪实》

赵博生 董振堂

爱国 勇敢

人物 关键词 资料来源

○三二

宁都起义

国民党第26路军在赵博生、董振堂的领导下，一万七千余人在宁都起义，此举震撼了国民党营垒，壮大了红军。

国民党第26路军原是冯玉祥的国民联军，军阀混战结束后，这支军队为蒋介石收编。1931年7月，蒋介石命令26路军进驻宁都，26路军进驻后即陷入红军的包围之中。

建立特别支部

26路军不是蒋介石的嫡系，蒋介石这么做，为了达到既消灭红军又削弱异己的目的。蒋介石的意图被26路军官兵识破，引起广大官兵对蒋介石的不满。中共中央革命军事委员会分析了这一情况，认为共产党员刘伯坚、邓小平等曾在该军工作过，共产党在该军有一定的群众基础。现在26路军上下对蒋不满，正是策动他们起义的好机会。

9月，共产党决定在26路军成立特别支部，刘振亚为书记，袁汉澄为组织委员，王铭五为宣传委员，当时共产党员有二十多人。中央指示，特别支部应以发动全军起义为总目标。

26路军特别支部经过认真考虑和严密考察，首先发展了26路军的参谋长赵博生入党。赵博生根据特别支部的决定，利用同乡同学关系，团结争取了73旅旅长董振

毛泽东和参加宁都起义的八路军指挥员

105

公元1931年 >

中国大事记

6月11日，南京国民政府内政部统计：全国人口总数为474487000人。

宁都起义的领导人董振堂（上）、赵博生（下）

堂、74旅旅长季振同和74旅主力团团长黄中岳。

误送绝密文件

11月底，26路军的共产党员王超奉命调上海工作。特别支部将26路军支部政治决议案和组织决议案这两份重要文件交给他，让他路过南昌时转交南昌党组织。

王超到达南昌后，按地址找到了党的秘密接头联络点，将两份重要文件转交。王超无论如何也没有想到，这个秘密接头联络点已经遭到破坏，与他接头并收取文件的人竟是国民党特务。王超被逮捕。

12月5日，蒋介石南昌行营给26路军总指挥部拍发十万火急电报，命令26路军立即将共产党员刘振亚、袁汉澄、王铭五3人逮捕并即送南昌行营。26路军译电员是一个共产党员，他马上将电报交赵博生和特别支部。赵博生与特别支部成员当即召开紧急会议，决定立即举行起义并作了如下安排：

一、由赵博生电复南昌行营"遵令即办"，不让南昌行营生疑；

二、由赵博生立即联络董振堂、季振同和黄中岳等进步军官，酝酿起义；

三、立即派袁汉澄赴瑞金，向中央军委请示汇报。

一切均按计划有条不紊地进行。几天以后，中央军委就宁都起义问题作了具体指示，要求26路军12月13日深夜12时正举行起义，红4军届时将赴宁都接应。起义以

《红色中华》号外

1932年2月，中央苏区《红色中华》为湘鄂赣区红军粉碎第三次"围剿"印发的号外。

后，26路军改编为红16军。同时，中央军委副主席王稼祥和红军总部负责人刘伯坚、左权等到宁都苏维埃政府负责具体处理起义问题。

宣布提前起义

赵博生接到中央军委命令后，立即着手起义准备。正在这时，译电员送来电报，称南昌行营拨发的20000套棉衣和11月的薪饷约13日运到。为了获得这批棉衣和薪饷，季振同建议起义推迟1天，同时对起义改编的番号提出建议。袁汉澄再次奉命向中央军委报告，中央军委同意将起义日期推迟1天，同时决定将起义后的部队番号改为红五军团。

12月14日下午2点，74旅戒备森严，旅部机关大院，所

▶历史文化百科

〔1931年始称"毛主席"〕

1931年11月20日，中华苏维埃共和国临时中央政府在瑞金宣告成立，同月27日，中央执行委员会选举中央执行委员会主席和中央人民委员会主席，经讨论后，一致认为担任这一职务者，都须具备两项基本条件：一是有全国威望；二是在苏区工作，因为毛泽东具备此两项条件，被先后选为中央执行委员会主席和中央人民委员会主席，项英、张国焘为副主席。当任弼时站起来宣布选举结果时说："下面我们请毛主席讲话！"与会者开始愣住了，随即顿悟，热烈鼓掌。称毛泽东为"毛主席"由此开始了。

有的人准进不准出。季振同在旅部召开全旅军官会议，宣布了起义决定，到会的军官表示服从。季振同立即下令：1团负责总指挥部警戒，2团负责全城戒严并切断所有交通线。

晚上，初冬的寒风飕飕地刮着，宁都城显得异常的安谧宁静，只有城北角26路军总指挥部的小楼上灯火通明。当晚8点，赵博生以"剿匪"的名义召开全军团以上军官会议。全体军官按时到达，唯有25师师长李松昆称病请假。虽然起义的消息绝对保密，但多日的准备，难免会露出点蛛丝马迹。赵博生估计李松昆可能听到了什么风声，他立即命令74旅1团1营以急行军速度包围25师师部。25师师部除师长李松昆外，其余人一个不少。1营立即解除了25师师部的武装。接着，1营立即包围李松昆住所，发现已空无一人。后来得知，李松昆当晚已只身逃离宁都，将驻扎在宁都城外的1个团带走了。

再说总指挥部这边，74旅1个团的兵力将总指挥部包围得严严实实，所有的军官同样准进不准出。赵博生向军官们讲日寇如何强占东北，如何到处奸淫烧杀，全场群情激愤。赵博生激动地大声讲道："弟兄们！为了民族的存亡，为了家乡的父老兄弟，为了不做亡国奴，我们要有勇气冲破一切障碍，选择一条正确的道路。现在我宣布，26路军全军起义，加入红军。"绝大多数军官表示拥护，也有少数军官反对或迟疑不决。赵博生一声令下，将那些反对起义的军官缴了械。

赵博生掏出枪，随着"砰"的一声枪响，四面八方传来"噼噼啪啪"的枪声。在赵博生、董振堂的领导下，26路军

董振堂、朱德、周恩来互相转赠的毛毯

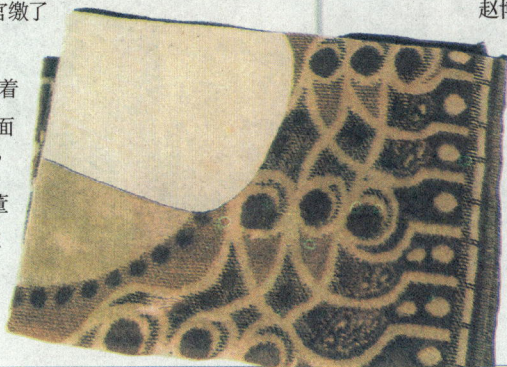

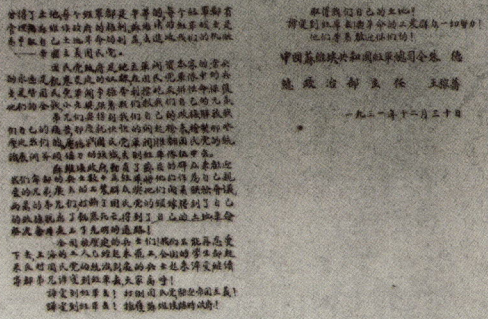

《为孙连仲部26路军兵士投入红军告全国兵士书》

一万七千余人在宁都起义。

终是一家人

起义部队进入红色区域后，沿途受到群众的热烈欢迎，他们高呼口号："欢迎26路军参加红军！"中央派出的代表团在固厚迎接起义军。刘伯坚见到在起义中立功的同志，亲切地问候说："没想到你们搞起了这么大的暴动，昨晚我一夜没睡着觉，以为你们中有几个同志牺牲了，实在担心你们的安全啊！"

15日晚，26路军通过电台向全国发出了《原国民党26路军在宁都起义加入红军的宣言》。16日，刘伯坚代表中央军委向起义部队官兵宣布成立工农红军第五军团的命令，任命季振同、赵博生、董振堂为红五军团领导人。

赵博生因为屡建战功，曾获得中华苏维埃政府颁发的一级红旗勋章。1933年1月8日，赵博生在前线指挥战斗，距敌人仅百米，不幸中弹牺牲，时年36岁。中华苏维埃政府将宁都县改为博生县，并在瑞金叶坪广场建立"博生堡"以志纪念。　＞华强

○三三

孙越崎开采油矿

孙越崎在抗战时期开采石油，立下卓越功勋，旧中国仅有四个规模不大的油田，其中延长和玉门都留下了他辛劳的汗水。

学以致用

1929年9月，孙越崎远渡重洋考入美国斯坦福大学读研究生。这年他36岁。

导师很关心他的前途，建议他获取硕士学位，然后攻读博士学位。孙越崎对学位不感兴趣，他在必修课外，选修了有关能源开发和管理的课程。当时他就抱定了一个信念：出国留学是为回国办好企业，不是当教授、学者，学位对他没有多大用处。

孙越崎一直注重实地考察，在美国考察了多处工矿。在洛杉矶油田，他首次看到了石油从钻探、开采到炼制的全过程，接着又到休斯顿油田考察。

1931年9月，孙越崎又转到哥伦比亚大学读研究生，实地学习采煤技术和管理，他几乎走遍了美国东部的大中煤矿，而且每到一处至少要停留一个星期。两年半后，孙越崎学成回国时，他又绕道欧洲，在英、法、德三国各花了四十天考察工矿，以后又考察了方兴未艾的苏联重工业。

路途艰难

第二年秋天，孙越崎回国。

当时任南京政府国防设计委员会秘书长的翁文灏钱昌照、孙越崎视察丰满水电站

丰满水电站是东北地区最大的发电站，1946年9月20日资源委员会主任委员钱昌照（前右九）与副主任委员孙越崎（前右十）在视察水电站时与当地军政要员合影。

世界大事记

7月，智利内乱，总统伊巴涅斯被迫辞职。8月，全国总罢工。

孙越崎

温厚文 《孙越崎传》《康世恩传》

坚强　才华

人物　关键词　资料来源

西北地区的长途汽车

很快就来找他，请他出任专员。但孙越崎不愿做官。翁文灏说："新成立的国防设计委员会很有钱，你可以利用它到陕北去开采石油，做一番大事业。国家没有石油，怎么抗日？"

孙越崎同意了。

陕北在北洋政府时期，曾与美孚公司合资，开办陕北油矿，但只打了四口小而浅的油井。以后就放弃了。

孙越崎决定去陕北实地考察。陕西省主席邵力子得悉孙越崎前来找石油，并已到达潼关，立即派汽车把他接到西安，然后又派专人陪同前往陕北。从西安渡过渭河后，全都是羊肠小道和崎岖山路，孙越崎一行只能骑马和毛驴。行程近千里，他发现几个县都有油苗，只须运进钻机就可开采了。孙越崎回到西安向邵力子汇报，要求整修从延水关到延川县的通道。邵力子当即下令办理。

翁文灏闻讯大喜，决定开发陕北石油，并成立了陕北油矿勘探处，任命孙越崎为处长。

1934年4月，孙越崎押送从海外购置的钻机等设备进陕。他将这些设备用火车从上海运至娘子关前。过了娘子关就是山西了，因为阎锡山有意改换铁轨尺寸，火车开不进去，只好又将设备搬下搬上，一路折腾，才运到太原。然后用汽车运至黄河边宋家川，在河边还得等候黄河涨水时，用木船装运到对岸的延水关。

准备渡黄河的西北民众

此时，天气炎热，路途艰难，孙越崎等人已经累得精疲力竭，谁知到了延水关一看，那条通往延川的小道依旧是崎岖不平，坑坑洼洼。原来地方官根本没有理睬省主席命令。无奈他只得用笨办法，将这些设备就地拆解，雇用毛驴背驮，行行复行行，这只有一百公里的路程，竟走了整整五十七天。

中国人炼出了汽油

孙越崎在延川和油田工人一起埋头苦干，所确定的六个井位，经钻探都涌出了石油。其中1号井钻到112米深时就见油了，安装油管后，日采量达1.5吨。他又指挥工人用蒸馏法炼出了汽油和重质油。

这是中国人自己首次发现油井，炼出汽油。

1941年初，孙越崎又被派往新建立的甘肃油矿局，加速开发玉门油矿。玉门油矿是1937年10月勘察，1939年出油的，但出油不多。孙越崎和翁文灏几次找财政部长孔祥熙，终于要到了500万美元购置设备，投入生产。第二年就生产出汽油180万加仑。蒋介石感到惊奇，赶来视察，临走时一再对孙越崎说："太好了，不虚此行！"

经过孙越崎的努力，玉门油矿发展得很快，油矿年产原油占全国95%以上，有力地支持前方抗战。

〉盛巽昌

109

中国大事记 9月18日，九一八事变爆发，沈阳和长春、营口、海城、辽阳、鞍山、铁岭、四平、安东等城镇均被日军侵占。

〇三四

出租汽车大王周祥生

周祥生从一名饭店打杂一跃成为上海知名的出租车大王，这不能不说是个奇迹。

从一辆旧汽车起家

周祥生，乳名阿祥，浙江定海人。13岁那年，他只身来上海谋生，先在外国人家里和小餐馆里打杂，后来到上海有名的礼查饭店（今浦江饭店）做西崽，客人酒足饭饱后，常叫他去饭店门口叫车，因此渐渐地他与出租汽车司机和各大车行的关系就熟了起来。他整天与洋人打交道，加之刻苦自学，他的洋泾浜英语也足以与洋人打交道了。几年后，他不仅获得饭店老板和客人的好感，而且省吃俭用，积攒了一点资金，就想自立门户，也弄辆车做生意。但毕竟囊中羞涩，心有余而力不足。恰在这时，有一次周祥生在回家的路上，遇到两名车夫拾到一笔卢布，彼此争执不下，周祥生遂出面做主，三人平分了这笔钱。周祥生拿着这些卢布，去银行兑换了银元，他丈人也资助了一些，他便以此为创业之本。

有了启动资金，周祥生自己开始经营出租车业务。他先贷款买了一辆旧车，做抛岗生意。当时出租车是不能随便停靠在马路边上揽客的，违者罚款，所谓抛岗生意，就是违规在马路边停车揽客。不久，周祥生的一个堂弟也加入进来，买了一辆旧车与他一起经营"祥生车行"。用车的人渐渐多了起来，他们的生意也兴旺起来，贷款很快还清了。

初战告捷，进一步激发了周祥生的创业

祥生出租汽车

祥生汽车行的汽车都在车身漆有"40000"标志，行驶在上海的大街小巷，妇孺皆知。

出租车大王周祥生

周祥生，原名锡杖。他开办的企业多以"祥生"命名，如祥生汽车行，1942年底开设的祥生饭店，1946年创办的祥生交通公司，还著有《祥生公司的起家和发展》。

雄心。他以滚雪球的方式，分期贷款购进汽车，不断扩大车行的规模。到1929年，祥生车行已经拥有20辆车，两处分行，在华商汽车出租行业中脱颖而出，1930年5月，上海华商出租汽车同业公会成立，35岁的周祥生当选为会长。当时上海的出租汽车行业，主要由洋商控制，周祥生的实力，已不容他们小觑，于是，华洋出租汽车联合会，也推选周祥生为董事。

400辆雪佛兰，一举定输赢

祥生公司声誉鹊起，周祥生也成为华商出租汽车行业中的头面人物，即使与洋商抗衡，也具有一定的竞争力。但是，周祥生并不满足，决心在规模、管理和车辆设施等方面更上一层楼。30年代初，他根据一个朋友的指

点，看准美汇将上扬，于是当机立断，筹集资金，先付定金二成，向正在上海推销汽车的美国通用汽车公司订购雪佛兰汽车400辆，每批100辆，分四批陆续到货。果然，等这批崭新的雪佛兰车到达上海，车价已经上升一倍，获利丰厚，从中大赚了一笔。周祥生除自留二百多辆外，将其余车辆全部脱手，就此一笔生意，祥生汽车公司的全部车辆，几乎等于白赚。

1932年元旦，在噼里啪啦的鞭炮声中，周祥生正式组建了祥生出租汽车股份有限公司，公司总部设在北京路西藏路口。一夜间，清一色的墨绿雪佛兰新车，如一股清风吹遍了上海的大街小巷。

祥生公司一成立，总经理周祥生就立下远大的目标，要求公司做到"规模最大，设备最全，训练最严，侍应最周，车辆最多，车身最好，分站最广"。

祥生出租汽车的一家分行
1937年全面抗战前夕，周祥生汽车行股金已达50万元，拥有汽车230辆，位居上海出租汽车业之首。

上海出租车的历史并不长，开始时多由洋商经营，乘客大部分也是外侨、外商或有钱的华人，他们居住在环境幽雅、绿树成阴的上海西区，因而早期出租汽车公司的经营范围，集中在西区的高档住宅区。随着上海城市道路的改善，上海人生活质量的提高，用车数量大为增加，而且华人成为主要乘客，周祥生眼光敏锐，看到了这一变化和发展脉络，将营业的重点转向不断扩大的市区，以及不断增长的华人顾客。周祥生曾亲自坐车在市区观察，看哪里的客流量大，最后在全市设立22处分行，总行在北京路800号，掌控全市的车辆运行情况；另外，还有委托代叫点五十多处。一旦有顾客电话叫车，总调度马上指令最近的分行出车，数分钟内，一般就能到达指定地点。

美商云飞汽车公司是出租业中的老大，但服务站点少，总行位于大西路（今延安西路），地理位置偏西，车辆数量也不如祥生多，出车自然较祥生时间长，因而在与祥生的竞争中，逐渐处于下风。

40000号电话传奇

说起电话叫车，说起祥生的40000号电话号码，无疑是老上海商战的一个经典传奇。

早期的出租汽车由于收费昂贵，顾客稀少，只由警方规定了市中心屈指可数的几处候客点，如礼查饭店、华懋饭店、跑马厅等人流密集的地方。雇车的主要方法，是通过电话预约叫车。

到30年代，随着电信业的发展，装有电话的人家多了起来，电话叫车，不仅方便，更成为时尚。有钱有闲的太太、小姐打完麻将之后，接下来的节目，自然是叫车去南京路的四大公司购物，于是出租车公司的广告画面出现了：一盈盈浅笑的俏丽女子拿着电话听筒，一副轻轻松松的模样，而一辆漂亮的出租车已经开进了花园。这样的惬意生活，多么撩人情思。周末，一些爱慕虚荣的

银色汽车行

20世纪30年代初，上海作为远东大商埠，已拥有多家民营汽车行。图为一家颇有规模的银色汽车行。

但是，最为上海人熟知的祥生公司的叫车电话号码是40000。周祥生为搞到这"40000"电话号码，费尽心机，洋人看他这样痴心的要挑电话号码，和他开玩笑，说电话公司要改排线路，把电话公司自己的"40000"号码给他。周祥生信以为真，马上印日历、

女学生去看电影，如果没有汽车来接，即使自家有人力车也不坐，非得打电话到汽车出租行订一辆汽车。

电话叫车，图的是方便快捷，电话号码的通顺易记，琅琅上口，就成为各公司的看家诀窍，打入市场的不二法门，云飞的电话号码30189，谐音"岁临一杯酒"，它的宣传手册上写着："请君只须电铃一响，云飞轿车马上开到。"黄汽车公司则保证："一按电话，三分钟内即可将车驶到。"银色公司的30030，也简单好记。

行驶在静安寺一带的公共汽车

> 历史文化百科 <

[上海的汽车执照]

上海开埠至1901年始有汽车。

1911年，上海工部局始颁发汽车牌照，原规定从1—500号为私家车，501—600号止为营业车，1913年就不分了。汽车所挂牌照，黑底白字，俗称公馆牌子。第1号为宁波商人周湘云，第4号为哈同，后来盛宣怀之子盛泽丞（老四）重价转购哈同牌照，又花钱购得44号、444号两张牌照，第77号为盛莘丞（老七）所购。

20年代前后，汽车增多，牌照数字递增，豪门富商仍高价购取，如杜月笙汽车牌照为7777号。

在此期间的出租汽车公司，如云飞、祥生、利利和银色，所挂牌照为白底黑字，收费分计时、计程及包日（或半日）三种，如计时以每20分钟，车资1.2元（含小费0.2元）。

做广告，结果竟弄假成真。周祥生说："我们中国四万万同胞，4亿人，上海没有4亿号电话号码。只有4万号，因此我们的广告语就是：四万万同胞，拨4万号电话，坐4万号车子。"公司为此打出的广告语是："四万万同胞，拨4万号电话"。这个电话，不仅因其简洁易记，更因其内含的政治意义，立即击败竞争对手。

周祥生还利用"40000"这个电话，开办了询问天气及火车、轮船启行时刻的问讯业务，既方便了顾客，又使许多问讯者趁便叫一辆车前往车站、码头，由此又增加了不少营业额。 〉邢建榕

蒋光鼐　蔡廷锴　　谋略　胆识　　《蔡廷锴自传》

人物　　　关键词　　资料来源

〇三五

蔡廷锴的板凳战

东三省硝烟未灭、上海烽火又起，十九路军奋起反抗，御敌于国门之外。

东北沦陷后，日本又在上海挑起战火。1932年1月28日23时30分，日军向闸北天通庵车站进犯，驻上海的十九路军予以回击。震惊中外的"一·二八"淞沪抗战爆发。

深挖壕，制板凳

十九路军总指挥蒋光鼐、军长蔡廷锴在得悉日军挑衅后，迅速作出反应，连夜在真如车站设立临时指挥部。

1月30日，日本陆战队5000人在兵舰、飞机和装甲车的掩护下，分五路进攻闸北，蔡廷锴亲临防线指挥，在击退敌军后，他意识到敌人还会有更大规模的进犯，当晚，就给江湾、庙行前线师长下令：一团突击加深战壕，要求一概挖至8尺深，二团赶制木板凳2000条，3尺高，重量不得超过3斤，越轻越好。一团长不理解，这种比高个子还高的战壕有什么用？二团长更不懂做木凳的用意，他们都前来询问。

蔡廷锴说："大敌当前还能做什么？一切为了打鬼子嘛！"军令如山，团长们只好服从命令，照要求深挖，按要求制凳。破晓就全部完成了。

十九路军军长蔡廷锴（上图）
总指挥蒋光鼐（右）

蔡廷锴亲自到战壕和制凳处视察，还带来软尺验收，在完全合格后，他才放了心。

把战壕留给敌人

蔡廷锴随即选拔了2000个剽悍的兵士，人人都要有5尺以上身高，各自携带一条长板凳进入战壕，各就各位，准备打击来犯之敌。

日军冲锋了。

中国兵士们各自站在木板凳上向外射击。在8尺深的战壕里，士兵们垫上3尺木板凳，恰到好处；虽然装备简陋，只有步枪、手榴弹和少量机关枪，却因地势极为有利，打得敌人满地尸首；当日军增添兵力冲杀前来时，蔡廷锴又立即令酣战正急的士兵，带着板凳撤出深战壕，把战壕让给敌人。

参战的十九路军官兵这时才懂得自己军长的用心所在，原来他是要以我之长攻敌之短，利用日军矮小身材设圈套啊！

日军三易统帅

枪声渐渐零落。日本士兵一向看不起中国军队，这

十九路军奋起抗击侵略者（下图）

十九路军军长蔡廷锴在前线指挥作战（上图）

十九路军一线作战的士兵

得一干二净。有说是全歼1000人，也有说是3000人。

这次淞沪抗战，十九路军屡挫敌锋，以三万之众抗御拥有世界最精良装备的八万顽敌，激战33天，致使对方三易统帅，不仅增强了中国军队的自信心，而且鼓舞了中国军民的士气。

〉盛巽昌

十九路军的炮兵

次又以为中国军队抵挡不住了，迫不及待地赶来，纷纷跳进了深壕，掉转枪头，准备朝撤退的中国军队射击，谁知进入壕沟中，如同跌进深沟，日本人个子本来就矮，跳入8尺壕沟里更够不到水平面。就在此时，十九路军以迅雷不及掩耳之势，齐向深壕投放手榴弹，深壕里的日军进不能攻，退不能守，处处挨打。没几个小时就被消灭

十九路军标志斗笠

来自广东的十九路军将士头戴用棕藤编织的斗笠。斗笠即成为十九路军的标志。

〉历史文化百科〈

〔"一·二八"战争〕

1932年1月28日晚11时，日军向上海市政府要求，强令中国军队撤出闸北。25分钟后，4000日军向闸北进犯，驻防的第十九路军奋起反击，"一·二八"战争爆发。

自29日起，日军多次增兵，并以海、空立体战术，战争且扩大到吴淞、江湾。2月14日，第五军张治中部到沪增援，屡败日军，日军改换主帅，且多次增兵，到月底总兵力近八万，为中国军队的两倍。

3月初，十九路军主动后撤，退至嘉定、黄渡、太仓的第二道防线。4日，日军因在进攻嘉定等防线失利后，同意国联决议停战。

战争历经36天。上海受到重大损失，包括商务印书馆等民房被毁。受害人口达18万户，占全市华界人口45%。

战争完全改变了人们的理念，此后抗战救亡成为上海乃至各地的社会主旋律。

周武《张元济：书卷人生》

救亡 启蒙

张元济

人物 关键词 资料来源

〇三六

日军炸毁东方图书馆

日军的战火，不仅残害我人民，还有宝贵的文化财富。

"我亲密的图书之家"

商务印书馆1897年创办于上海，是我国出版界最大的企业，分馆和支馆遍布全国各大中型城市。

商务印书馆附设的东方图书馆，由张元济先生一手创立，藏书约46.8万册，于1926年5月开放供公众阅览（每日下午定时开放），是当时东亚闻名的文化宝库。

东方图书馆占地2600平方米，大楼底层为流通部和商务同人俱乐部，二楼为阅览室、阅报室和办公室，三楼为善本室、装订室及本版图书保存室，四楼为书库，五楼收藏杂志、报章、地图和照片等。1930年入馆阅览的读者达3.6万人

张元济（上图）
1932年，张元济自东方图书馆被毁后，凡商务印书馆出版书籍，都在版权页注明"国难版"字样，以永志不忘也。

次。据胡道静先生回忆，该图书馆一个最大的特点"就是那长达四十来米的宽敞的大阅览室，是实行开架的"。

沈雁冰（茅盾）曾在商务印书馆工作，他写信告诉母亲，他是贪图涵芬楼藏书丰富，希望借此可以研究点学问，才去商务的。

许多读者将东方图书馆称为"我亲密的图书之家"，可见这些书籍、报刊对读者的吸引力，实现了张元济设想的"补助教育"的愿望。

东方图书馆的古籍，主要是商务印书馆涵芬楼历年藏书，约有二十万册，不少是善本精品，尤以经史子集四部各书、方志和中外报刊三大类最为珍贵。

残页飘落十里开外

可谁也想不到，如此珍贵和数量庞大的古籍竟会毁于日寇的炮火之下。

"一·二八"事变爆发后，日本海军陆战队二千三百余人向上海闸北发动全面进攻。1月29日凌晨4时40分，日本轰炸机从"能登"号航空母舰起飞，狂轰滥炸持续了十多个小时，闸北地区陷入一片火海。上午10时许，商务印书馆总厂被炸，印刷所、制造总厂、栈房以及尚公小学都变成一片废墟。

上海东方图书馆
日军早已蓄谋毁灭东方图书馆。早在东方图书馆创建后，因主持人张元济立意要大幅度增藏中华珍本、善本书籍，不再使它流入海外，由此引起日本朝野妒恨，几次商议购买不成，即采取此卑劣下策，将它毁灭。

115

日军炮火和地面进攻，致使商务印书馆一带成为废墟
图为一名日本士兵在商务印书馆投掷手榴弹。

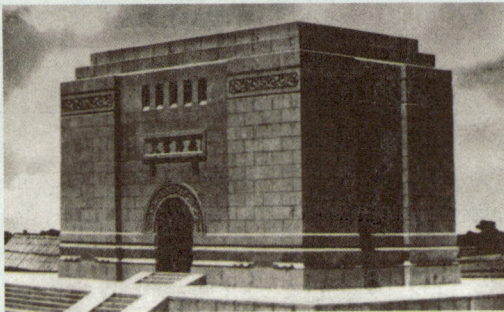

无名英雄墓
1936年2月，上海市民为"一·二八"死难无名英雄所筑，位于市北庙行，当年为中国军民痛击日军的重要战场。

2月1日晨8时许，商务印书馆总厂对马路的东方图书馆，也被日军一把大火烧毁，内存46万册之多的珍贵藏书在烈焰中化为灰烬。大火燃烧至傍晚时分，巍峨挺拔的东方图书馆五层大厦被烧成一个空架子。

纸灰在大风中漫天飘舞飞旋，连十里开外的法租界，也随风飘落下焦黄的《辞源》、《廿四史》等书籍的残页，张元济家的花园里，都有纸灰掉下来。

"廿年心血成铢寸，一霎书林换劫灰。"凝聚着多少文化人心血的商务印书馆总厂和东方图书馆，就在日军的蓄意轰炸下遭受了灭顶之灾。

重建之路难上难

面对自己一手创办起来的企业和图书馆变成瓦砾，张元济极度悲愤，与商务印书馆的同仁们抱头痛哭。他泣不成声地对大家说："工厂、机器、设备都可以重修，唯独我数十年辛勤搜集的几十万册书籍，今日毁于敌人炮火，是无从复得，从此在地球上消失了。"

这一年，张元济65岁，主持商务印书馆已经整整三十年了。

商务印书馆总馆被毁后，张元济主持召开了紧急会议，决定由董事会组织特别委员会，并设立善后办事处，由他担任委员长。他表示，只要自己"一息尚存，仍当力图恢复"。

商务印书馆走上艰难的复业之路，很快重整旗鼓。

随即，张元济组织了复兴委员会，决心重建东方图书馆。英法德美四国的学术文化界中，也有人组织了赞助委员会，帮助东方图书馆募集基金和图书。但由于各种原因，图书馆再也没有能够重建起来，不过这项复兴活动，一直进行到抗日战争发生后才被迫中止。

今天，上海宝山路上有一块石碑，刻着"东方图书馆旧址"，向人们昭示这里曾发生过日军毁灭我国文化重镇的惨剧。   〉邢建榕

〉历史文化百科〈

〔万有文库——小图书馆〕

1928年南京国民政府大学院会议，请政府通令全国中小学校设置图书馆。

翌年，商务印书馆即应运编印《万有文库》。

万有文库第一、二集共有四千种，按王云五所编中外图书统一分类法，书类号于书脊，每种复附以书名片，并依四角号码检字法注明号码。凡中小学校只需有一部，有粗识文字的一人管理，自可措置裕如，它足够解决中小学图书馆藏书问题。

此后几年，中小学和县乡所新设立图书馆递增至1500所以上，藏书设备亦仅一套《万有文库》足可应付了。

人物　关键词　资料来源

尹奉吉　爱国　《韩国反日独立运动史论》石源华
金九　勇敢　余子道　张林龙
　　　　（一·二八淞沪抗战）

○三七

尹奉吉血溅虹口

韩国志士尹奉吉，不畏强敌，用鲜血和生命教训了狂妄的侵略者。

思前想后定人选

1932年"一·二八"淞沪抗战结束后不久，日军为炫耀武力，策划在上海虹口公园举行"淞沪战争祝捷大会"。时间就定在日本昭和天皇生日那天，即4月29日。

"岂有此理！"参与指挥抗击日军侵略的京沪卫戍司令陈铭枢，第十九路军总司令蒋光鼐、军长蔡廷锴等人，再也按捺不住，决定实施破坏计划。但他们知道，硬来恐怕不行，如果能混进会场，自然最好，可日军肯定不会让中国人进入会场，考虑来考虑去，想到复仇心切的韩国独立党人，如果由韩国人乔装为日本人混入会场伺

准备行刺前的尹奉吉

尹奉吉（1908-1932），韩国人，1930年离开家乡流亡中国，结识了韩国流亡政府的领导人金九，并接受了行刺日本人的任务。图为尹奉吉行刺前留影，显示其视死如归的勇气。

机举事，则是上策。

这时，"大韩民国临时政府"流亡在上海，负责人是安昌浩、金九。他们获悉此事后，慨然答道："日本是我们共同的敌人，对付日本人，即使付出任何代价都在所不惜。"

他们经过再三考虑，把这一艰巨任务，交给了一个叫尹奉吉的年轻人。

1931年，尹奉吉独身一人来到上海，加入了金九领导的"韩人爱国团"，并成为"太洛太"（暗杀队）的成员。初到上海时，尹奉吉曾以贩菜为业，在日本侨民比较集中的虹口一带，肩挑菜担，走街串巷，因此他对虹口公园周围地区比较熟悉，更关键的是，他还会讲日语。

尹奉吉对此次任务的严峻后果，看得很清楚，他愿意付出生命的代价承担此项重任。

听完金九的交待，他毅然表示："为了反日，牺牲我一个人的性命是值得的。"随后他们开始了紧张的准备工作。

神色自若入园来

4月27日，尹奉吉一身日本人打扮，前去虹口公园作实地考察。

公园里，日本人正紧张地进行庆典前的筹备，一座高大的检阅台已经搭建好，前面是一大片空地。尹奉吉混在游人中，在检阅台周围转了几圈，发现检阅台后面没有什么人看守，倒是一个可以下手的地方。

从公园出来，尹奉吉又去日本人书店买了侵华日军总司令白川大将的画像。他从未见过白川，因此将这张画像看了又看，心想你死定了。他还像其他日本侨民一样，买了一面日本国旗，以备当天进入虹口公园时使用。

与此同时，在中国军方的支持和帮助下，韩人爱国团特制了两枚炸弹，一枚形似日本人外出常用的水壶，

日军在上海举办庆贺天皇生日的天长节

一枚形似日本人携带的饭盒。为确保这次行动的成功,金九等人在上海兵工厂进行了二十多次炸弹性能试验,确保万无一失。

4月29日一早,金九用汽车送尹奉吉至虹口公园附近,两人最后话别,互相拥抱。

金九悲壮地说:"大丈夫有去无回,但这是一个伟大的牺牲,你的赫赫功勋将永世长存。切记,你的目标是倭寇,万勿伤害其他友邦人士。"

尹奉吉郑重地点点头:"请您放心,一定按您的指示办理。望您为国保重,奋斗到底!"并将自己的手表摘下送给金九留作纪念。

金九热泪盈眶,说:"你去吧,愿与君再见于九泉之下。"

虹口公园这时已是戒备森严,如临大敌,围墙上架起机枪,周围布满日军军车和荷枪实弹的士兵,

附近的马路和交通要道,也有军警和暗探严密监视过往行人的举动。公园内,聚集了约十万日军和侨民,正等待所谓"祝捷大会"的开始。

尹奉吉身穿新西装,系着鲜红的领带,肩挎水壶,手提饭盒,俨然一副日本人的派头。进入公园大门时,他将"水壶"和"饭盒"放在地上,神情自若地解开衣服,接受日本兵士的检查,然后大摇大摆进入公园。

一击成功英雄笑

上午10时,日军首脑纷纷登上检阅台,出席者有侵沪日军总司令白川义则、日军第九师团长植田谦吉、日本海军第三舰队司令官野村、日本驻华公使重光葵、日本驻上海总领事村井、日本上海居留民团行政委员长何端等人。

当阅兵总指挥植田中将下令检阅开始后,一队队穷凶极恶的日本兵从台前走过,观看的日本侨民得意忘形,纷纷唱起了日本国歌,台上的人站立起来。21响礼炮也开始轰鸣。

就在日人得意忘形之际,尹奉吉悄悄绕到后台,揭开盒盖,拉动手榴弹的导火线,冲向前将饭盒掷向台上,随着"轰隆"一声巨响,"霹雳轰炸,天地震动,台上人物,应声纷扑"。在场的日本要人无一幸免,现场顿时乱作一团,祝捷大会瞬时变成了哭丧大会。白川义则身中弹片24块,送医院抢救,延至5月20日,不治而死,何端和村井当场一命呜呼;植田谦吉、重光葵都被炸断了腿,野村一只眼睛被炸瞎,成了独眼龙。此外,还有6名中高级军官当场被炸死,其他人也不

尹奉吉使用的炸弹

抗日志士尹奉吉的墓碑

大韩民国临时政府旧址（上海）

同程度地受了伤。

炸弹爆炸后，日军气急败坏封锁公园，所有人一律不得离开，场内的韩国人、中国人和苏联人全部被捕，其中包括未及脱身的尹奉吉。据当时报纸称："台下观众将高丽人（即尹奉吉）捉住，予以重殴。至军队赶至，加以拘捕时，该高丽人已不省人事。"

尹奉吉被押入东江湾路的日本宪兵司令部，接受残酷刑讯。

尹奉吉表示炸弹确是自己所掷，目的就是炸死白川大将等人，为国报仇。此外，尹奉吉任凭敌人严刑拷打，百般折磨，再也不愿多说别的，只表示由他一人承担全部责任。不久，尹奉吉被转押日本。

日军受创万家欢

爆炸发生的当晚，沪上各报馆接到邮局寄来的信件一封，内有尹奉吉4月26日宣誓照片一张。他一手持炸弹，一手持手枪，庄严宣誓："我誓以赤诚，以韩国爱国团之一员，图恢复我祖国之独立自由。"

日军受此打击，简直发疯了。他们根据侦察到的情报，冲入法租界抓走了年过花甲的安昌浩等17人，金九因事先避入美国传教士费吾生夫妇家，幸免于难。安昌浩等人后来惨遭日军杀害。

在中国方面的帮助下，金九离开上海，悄悄前往浙江嘉兴和海盐乡下避难，开始了长期逃亡的生涯，多次躲过了敌人的追捕，直到抗战结束。

虹口公园爆炸案沉重打击了日本侵略者的嚣张气焰，上海人民拍手称庆，人心大振。金九先生曾指出："闻此巨响，而大叫痛快者，岂独三千万韩人乎？四万万五千万华人亦有同感也。死于沪战之数万生灵，从此九泉冤魂可瞑目矣。噫，匹夫有志，可夺三军之帅；真诚心忧国者，当此危急之秋，岂可束手坐毙，而不亟起奋斗乎！"

12月20日，尹奉吉在日本金泽郊外被日军残酷杀害，时年25岁。

〉邢建榕

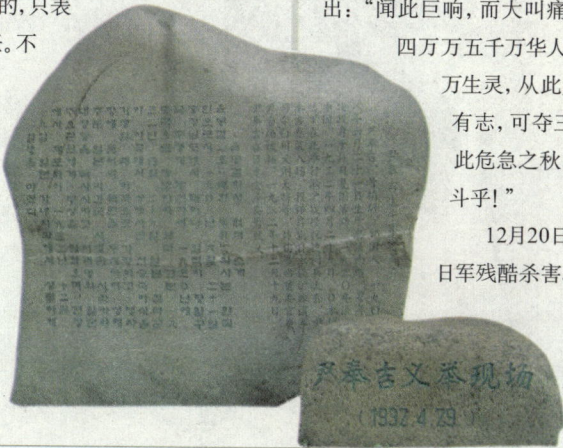
位于上海虹口公园的尹奉吉就义现场刻石

一个人的奥林匹克

1932年秋天，中国参加了第十届奥运会，这是中国体育界首次参加奥运会，与会的运动员就只有刘长春一个。

崭露头角

九一八事变后，日本扶植傀儡政权伪"满洲国"，扬言要派出一个所谓"满洲国体育代表团"，参加在美国洛杉矶举行的第十届奥运会，并安排当时在国际体育界有影响的短跑运动员刘长春出场。

说到刘长春，1923年他14岁时，就在日本于大连举办的"关东州陆上运动会"上，获得100米、400米两项冠军，创造中学生历次参加运动会的最佳纪录；后来在哈尔滨体育场上，与俄国人在400米接力赛上角力，他接第四棒时，还落后六七米，可是到终点撞线时他竟然领先十几米；在1929年第十四届华北运动会上他又创造了100米跑10秒8的全国新纪录；同年10月，中日德三国运动会上，又以同样成绩超越日本两名世界级运动员。张学良大为欢喜，赠予在德国特制、镶有本人头像的怀表，并命东北大学每月给刘长春补助30元。

1930年，刘长春又代表辽宁队在杭州第四届全运会上，取得100米、200米、400米三项冠军。鉴于他威震全国，径赛无人可及，杭州市政府予以特别奖励，将通往体育场的大街，改名为长春路。

"兔子腿"刘长春

中小学时的刘长春，因每次短跑比赛中都是冠军，被同学取以"兔子腿"的绰号。他在17岁当玻璃厂学徒时，把百米成绩提高到11秒。

单刀赴会

日本关东军千方百计寻找刘长春。刘长春自东北大学疏散后回到家乡大连，知道日本人在寻找他，又躲往北平。日本人几次三番找刘长春父亲，威胁利诱，甚至迫不及待地在伪满大小报刊上公布了刘长春代表伪满洲国参加奥运会的消息。

1932年5月，当时正在北平东北大学复课的刘长春，因日伪纠缠不清，出于义愤，即在《大公报》严正声明："我是中华民族黄帝子孙，我是中国人，决不代表伪满洲国出席第十届奥林匹克运动会。"这给了日伪当局当头棒喝。

但南京政府却无动于衷，蒋介石正忙于"围剿"红军。东北大学体育系就赶去找张学良。张学良随即拿出8000美元。同年7月，他在体育系毕业典礼上亲自宣布刘长春代表中华民国参加第十届奥运会，因为刘不懂英语，又以教师宋君复为教练兼翻译随同出行。

当时奥运会筹委会受日本蒙蔽，已向伪满洲国提出速交所谓"满洲国"国旗、国歌以备届时应用。中国奥委会委员王宠惠、南开大学校长张伯苓于是立即通知洛杉矶国际奥委会，中国已派刘长春参会。

时间极为紧迫，刘长春和宋君复星夜赶到上海，由上海乘船前往美国。他们离开的这天清晨，上海几千市民自发地前往码头送行。当天有张报纸还刊出一张图画：关云长乘一叶小舟，手持长刀，迎风破浪，象征刘长春此次赴美是单刀赴会。

摇旗呐喊

7月29日，刘长春、宋君复在海上历时

《全国文史资料》资料来源
爱国 才华 关键词
刘长春 人物

25天，终于到达了洛杉矶。

这是中国首次派运动员参加奥运会。唐人街几乎万人空巷，华人、华侨前呼后拥，盛况空前。当晚，广东侨胞还按家乡风俗，即凡是有刘关张三姓的同胞前来，就要搞欢迎会；会上还赠予刘长春一枚特制金质大奖章，以资鼓励和纪念。

7月30日，中国体育代表团到洛杉矶的第二天，运动会就拉开了帷幕。

清晨9时，只有一个运动员的中国代表团，由运动员手执国旗进场，随后是由华人、华侨所组成的应

援团。他们向看台上万千观众摇旗呐喊："中国万岁!""还我东北!"

刘长春到了洛杉矶，即便是旅途劳顿，没有什么训练，仓促上阵，第二天百米仍跑了11秒，名列第五；第五天的200米短跑，又跑了第四名。 〉盛巽昌

美国女子仪仗队（左图）
奥运会期间，来自全美各州的妙龄女郎手持奥运会五环会旗，向来自五大洲的体育选手表示欢迎和祝贺。

全国运动会第一次筹备会议成员（下图）

民国时期位于南京的中央体育场

民国时期参加国际奥林匹克运动会记录			
届数	时间	地点	内容
第10届	1932年7月	美国洛杉矶	仅刘长春一人参加
第11届	1936年8月	德国柏林	140人代表团，运动员69人，因乘船消耗体力，又未充休整，仅符保卢得撑竿跳高复赛资格。因南京政府拒不支付费用，靠向华侨募捐（且由足球队提前出国出售门票）
第14届	1948年	英国伦敦	40人代表团，运动员33人，全部淘汰出局（先派足球队出访以售门票），回国时由总领队王正廷募捐

〇三九

民无信不立

1932年中国征信所在上海成立，金融界才有了一家专门从事工商企业信用调查的机构，这也是中国第一家正规的信用调查机构。

银行内部设立调查机构

1918年的一天，张嘉璈、李铭、陈光甫等人在上海汇中饭店相聚。这几人都是鼎鼎大名的新式银行家，看不惯金融界一些不成文的"老法"。

谈到银行、钱庄的放贷，因为一些工商企业不守信用，银行又不注意深入细致的调查研究，致使银行呆账比比皆是，张嘉璈大发感慨："银行不调查下家信用，只讲关系、凭面子、吃回扣，随意放款，造成无数弊端。" 李铭、陈光甫也吃过这方面的苦头，表示赞同，认为可以由各家银行出面，设立一个联合信用调查机构，专门为银行进行信用调查。

此时，外商信用调查机构有五家，其中日本人办的三家，即上海兴信所、帝国兴信所、东京兴信所；美国人两家，即商务征信所、中国商务信托总局。

而独立的华商信用调查机构却一家也没有。

章乃器当时在浙江实业银行担任襄理，与资耀华、张禹九、祝仰晨等一批银行界"少壮派"很合得来。对成立信用调查机构，章乃器极为热心，也比较有研究。于是，由他们具体筹划，成立一家"合作信用调查机关"。

民国时期上海金融业巨头陈光甫（上图）
张嘉璈率先提出信用调查（下图）
张嘉璈被认为是懂得银行功能的官僚型学者。他在中国银行总经理任上，率先提出信用调查。

可是，当时许多人不知道信用调查为何物，不要说一般大众，就是在金融界内，也有人反对，故而信用调查机构迟迟未能成立。

无奈之下，张嘉璈、李铭、陈光甫只得在各自银行内部先行成立信用调查机构。如上海商业储蓄银行就设立了调查部，由从日本留学回来的资耀华担任主任，专门负责客户的信用调查。

天津金融风潮案震动银行界

1931年，天津发生了一场金融风潮，促使信用调查机构的设立加快了步子。事情的经过是这样的：

天津有一家协和贸易公司，从事进出口贸易，从美国进口汽车零部件，从澳洲进口面粉，而出口花生、毛皮等农副产品，其总经理叫奚东曙，是当过北洋政府执政总理的段祺瑞的女婿，此人喜欢摆排场，装门面，出手阔绰，因而在天津商界路路通，很兜得转，各大银行、公司均趋之若鹜，争相与其开户往来。

但这个奚大公子，乃是一名纨绔子弟，哪里真有本事，时间一长，公司因经营不善开始走下坡路，最后竟宣布破产。

但各家银行并不了解该公司内情，也不作信用调查，仅根据其精心伪饰的栈单就大量放款，结果贷款有去无回，如中南银行天津分行在该公司倒闭前一天，还放款40万，加上以前放出的180万，共计220万元。

协和公司倒闭后，与之有关的银行、钱庄均遭受惨

公元1931年

公 元 1931 年

世界大事记 12月11日，英议会通过《威斯敏斯特条例》，确认英与各自治领在帝国内的平等地位。

张嘉璈
李铭　陈光甫

孙建国《信用的嬗变：上海中国征信所研究》

信用

人物　关键词　资料来源

中国征信所报告书

重损失，岌岌可危。

消息传到上海，各大银行受到极大震动，感到不能再拖了，必须马上成立一家独立的信用调查机构。

各家银行的信用调查，因为单打独斗的缘故，很难形成规模效应，而且各家银行自行调查，必然花费大量的人力物力，也容易被放款对象钻空子。

资耀华、张禹九、祝仰晨以及孙瑞璜、方培寿等人经过几度磋商，征得张嘉璈、李铭、陈光甫等几位银行巨头的同意后，首先发起成立了一个研究信用问题的学术团体——中国兴信所。

中国兴信所的目的，在于研究信用调查的方法，促进信用调查的技术，交换信用调查的资料，在时机成熟后，着手组织中国征信所作为执行机关。

1932年6月6日，中国第一家独立的信用调查机构——中国征信所正式成立。

上海商业储蓄银行旧址
储蓄银行善于经营，当上海大世界游乐场大老板黄楚九开办的日夜银行倒闭时，即由它清理，且发还存款一成，以慰储户。

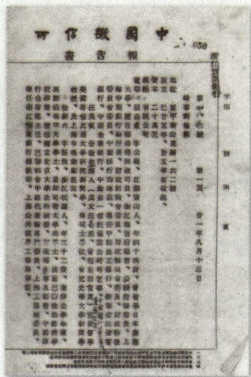

三重手续确保征信质量

中国征信所采取会员制。原先发起创办兴信所的中国银行、中央银行和交通银行等大银行，这时转为中国征信所的基本会员。

其他陆续加入的，则申请为普通会员，按期缴纳会费，回报是可以阅读征信所的参考资料，如果有需要，则可委托征信所进行有针对性的调查，当然另须交纳一定的费用。

征信所调查人员的素质要求很高，堪称百里挑一。他们必须具备"商业经验、流利口才、诚挚态度、机变能力、耐苦精神、商业常识"等六项条件，缺一不可，凡染有赌博、懒惰等不良习气的人，一概不用。在招聘调查人员时，也按此六项条件衡量，考试合格者，往往在百分之一左右，可见对调查员的考核相当严格。

123

12月底，熊希龄、马相伯、黄炎培等六十余人组成中华民国国难救济会，要求南京政府"解除党禁，进行制宪"。

征信所人员最多时达七八十人，但专职调查员仅十多人，每人负责几个甚至数十个行业的调查方向，但面对如此大的调查范围和业务量，人员根本不敷使用，因此征信所还聘请了大量的特约调查员，许多专跑经济的记者，也成了征信所的兼职调查员。

一些行业内的资深人士，也受聘担任咨询工作，他们往往是业界内的代表人物，对整个行业情况了如指掌，如棉布业的叶笑山、花纱业的穆藕初、绸缎业的蔡声白、化学业的方液仙等。

征信所的工作极为繁重，每天收到的委托调查有二三十件，一年内交出的调查报告，约有八九百份，从创办到1936年7月，共发出调查报告三万份。

按规范，调查工作须按照调查、复查、审查三步程序进行。对调查对象，不管是否熟悉，也不论好恶，一切

章乃器创办征信所

1932年，章乃器创立中国征信所，逐日报道全国各地经济行情。

从头做起，对事不对人。为保证质量，调查的人，不知复查的人是谁；复查的人，也不知调查的人是谁，只凭征信要求，客观公正，尽力而为。一般信用调查，7天交稿，特急的3天交稿，放款额小的，也是3天交稿，效率极高。

初稿交出后，先复查，再由核查人员严加审查，经过这三重手续，一份信用调查报告才算出炉。

1935年5月，中国征信所改组为股份制公司，经选举产生的董事11人，监事3人，章乃器被推选为董事长。不久，章因参与抗日救亡活动被迫离开金融界，改由孙瑞璜担任董事长，一直到上海解放为止。

〉邢建榕

创办于1897年的中国通商银行

公元1931年

公元 1 9 3 1 年

世界大事记　12月，日本宣布放弃金本位制。

徐向前　徐向前　徐向前
岳维峻　勇敢　怯懦　《徐向前传》《历史的回顾》

人物　关键词　资料来源

○四○

活捉岳维峻

红四军参谋长徐向前在战斗中活捉了昔日的老上司岳维峻，张国焘不顾红军将领反对，强令将放下武器的岳维峻处死，破坏了红军不杀俘虏的传统。

徐向前围攻老上司

1931年，国民党34师师长岳维峻奉武汉行营命令，向鄂豫皖苏区发起进攻。消息传到红四军，参谋长徐向前对着作战地图反复琢磨，决定吃掉他的老上司岳维峻和他的34师。

说起来真是无巧不成书。原来在大革命时期，徐向前从黄埔军校毕业后分配到冯玉祥的国民军第二军。1925年，军长胡景翼死后，师长岳维峻接替胡担任了军长。

岳维峻曾经担任过河南省督办，是国民党军中一个资深的将领。徐向前当时是第二军第六混成旅的一个参谋，后来升至副团长。因此，徐向前认识岳维峻，而岳维峻却不一定认识他。岳维

红军时期的徐向前（上图）
红军的炮兵（下图）

峻在国民党军里不属于嫡系，一直不受蒋介石重用，郁郁不得志。这一次，武汉行营命令他向鄂豫皖苏区进攻，岳维峻想立战功，于是孤军冒进至双桥镇，准备与红军决一死战。

俘虏了一个矮胖子

红四军在参谋长徐向前的指挥下，在双桥镇周围布下5个团的兵力。岳维峻到双桥镇立足未稳，红军就分三路开始进攻，包围了岳维峻的34师。在战场上，敌我双方反复冲锋，杀得难解难分。岳维峻请求国民党空军支援。飞机来了以后，向红军投掷了不少炸弹，但也没能挽回岳维峻的败局。

战斗到中午时分，岳维峻部已是精疲力竭。就在这个时候，徐向前一声令下，红军早已做好准备的预备队、敢死队犹如猛虎出山，直扑双桥镇34师指挥部。当时担任28团营长的许世友率领

徐向前用过的望远镜（左图）
中央苏区周围的敌军炮楼（下图）

国民党成立豫鄂皖行政专署

1932年10月，因"围剿"苏区屡败，再次重建所谓的豫鄂皖三省专署。

腿上。许世友一咬牙，竟从血淋淋的伤口里将子弹抠了出来。

许世友一瘸一拐地追赶，当追到罗家城的时候，看到许多人围着一个黑黑的矮胖子，这才知道胖子就是34师师长岳维峻，已经被红军活捉。原来，当许世友率领敢死队

二百多人的敢死队以大刀硬是杀开一条血路，直冲34师指挥部，准备亲自活捉岳维峻。可是等他们冲到34师指挥部一看，竟然空空如也。许世友一回头，看见4个兵抬着一顶轿子晃悠悠地走着。许世友大喝一声："岳维峻，站住！"轿子停了下来。许世友上前将轿帘一掀，哪里有岳维峻？是一顶空轿子。许世友气得一刀将轿子劈成两半，率队继续追赶。就在这时，一颗子弹打在他的大

惟妙惟肖的苏区壁画（下图）

岳维峻为红军所俘，人心大快。图为苏区民众所绘的反"围剿"战斗胜利的壁画。

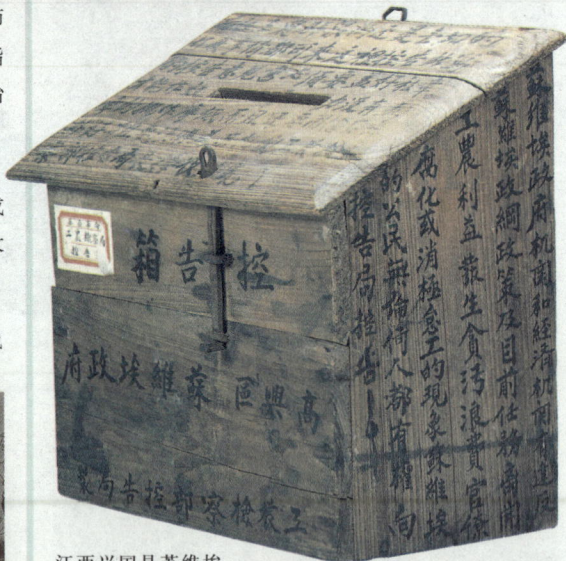

江西兴国县苏维埃政府设置的控告箱（上图）

以迅雷不及掩耳之势直捣34师指挥部的时候，岳维峻穿着一身士兵的服装准备骑马逃跑，谁知关键时刻他的马夫竟然骑着他的马开溜了。他坐上轿子，嫌轿子太慢，只

蒋介石与庐山军官训练团的外籍顾问合影（上图）

得扔了轿子迈开双腿跑。他腆着个将军肚，怎么也跑不快，结果被红军活捉。

经过七个多小时的战斗，红四军毙敌千余人，俘敌五千余人，缴枪六千多支。师长岳维峻被红军押至红安七里坪，徐向前听说岳维峻被捉，匆匆赶到七里坪见他。

徐向前老远就一眼认出了他5年前的老上司，岳维峻却没有认出徐向前。岳维峻对徐向前说："我要见你们的最高指挥官！"徐向前拿条凳子坐在他对面，问："岳师长，你认识我吗？"岳维峻对徐向前再三打量，却没有认出眼前这个又高又瘦的人是谁。经徐向前提醒，岳维峻才想起来。他长叹一声，说："想不到我们是这样见面，只要不杀我，我可以答应你们的一切条件。"

蒋介石南京政府所改以军人命名的地方

原名	改名	现名	附注
金寨	立煌	金寨	蒋介石以卫立煌"围剿"鄂豫皖苏区所改
新集	经扶	新县	蒋介石以刘峙（字经扶）"围剿"红军所改，后为刘伯承定名
延安	宗南	延安	蒋介石因胡宗南占领延安拟改，谁知命令未正式颁布，已为解放军收复
宜城	自忠	宜城	因纪念抗战时期牺牲的张自忠而改

位于江西瑞金的红军井（上图）

徐向前脑子里闪过利用岳维峻的念头，但如何利用，需要请示上级。岳维峻想与徐向前拉拉关系，徐向前只说了一句"红军是会保证俘虏人身安全的"，说罢，就走了。

张国焘强令杀俘

红军取得双桥镇大捷，粉碎了国民党军对大别山红军的第一次"围剿"，鼓舞了大别山根据地的军民。战斗结束后，红军迅速扩大到15000人，根据地扩大到二百多万人。人多了，枪多了，红军的困难也多了，例如被服、弹药、药品、经费等，都有许多困难。徐向前向红四军军长、政委请示，红四军领导又与苏区领导人商议，决定以岳维峻的性命换取红军急需的物资。

岳维峻的家人和部下先后给红军送来军装10万套，大洋9万元及西药、汽油等红军急需的物资。就在红军准备如约释放岳维峻的时候，张国焘来到了苏区，他说岳维峻曾经组织已经投降红军的国民党部队进行暴动，这样反动的人既要他的钱，也要他的命。1932年8月11日，张国焘不顾其他红军将领反对，强令将岳维峻在河南光山新集（一说湖北红安）处死。徐向前后来回忆此事说："杀俘虏破坏了红军的传统，是张国焘到鄂豫皖苏区后开的头。" 〉华强

中国大事记 1月1日，国民党四届一中全会产生的民国政府成立，林森任主席。广东国民党中央党部及国民政府取消。

○四一

隐秘的中央文库

中央文库在上海被秘密保存了近二十年，其间经历了十年内战、八年抗战和三年解放战争，直到上海解放，始终有惊无险，安然无恙，陈为人居功至伟。

1921年7月中国共产党在上海成立后，中共中央领导机关一直设在上海，直到1933年1月迁往中央革命根据地瑞金。

中央领导机构迁往瑞金，但出于安全考虑，中央秘书处直属的档案（中央文库）却无法随行，留在了上海。

接受重任，以命相护

1932年秋，陈为人接受了为党保存中央文库的任务。

陈为人，湖南江华县人，1920年赴苏俄学习时加入了共产党。回国后任满洲临时省委书记兼省委宣传部长，其间曾被敌人逮捕，但他坚贞不屈。出狱后，党中央调陈为人夫妇去白色恐怖严重的上海，担负极为机要的保管中央文库的任务。

保管中央文库是一项极为机密的工作。这些文件约有两万余件，几乎集中了党的"六大"以前所有的重要文件，分装了二十多箱，由于时间仓促，这些文件均无分类目录，调阅很不方便。

对这批重要文件，周恩来提出应区别不同情况，保存和整理文件的意见。党中央召开六届四中全会后，瞿秋白代中央起草了一个《文件处置办法》，注明："均按时日编"，"切记注明年月，愈详愈好"。

陈为人夫妇俩接受重托后，郑重表示："我俩受中央

中共中央上海局负责人1949年后在上海的合影

委托，定以生命相护，即使同归于尽，也决不留一份文件给敌人。"

到上海后，陈为人和任中央交通员的妻子韩慧英，租了一套房子，开设了一家湖南湘绣店，做起了小本生意。暗中，他们将所有的中央文件秘密保存在店里。

自从他们接手保管中央文库后，中央出于保密需要，不再安排他们参加党的会议和其他一切公开活动。陈为人深居简出，对外由韩慧英出面，与她保持单线联系的是代号为"张老太爷"的中央秘书处文书科长张唯一。除此之外，如果在陈家一旦发现任何陌生人，即使是党内同志，也必须立即转移，以保证中央文库的绝对安全。党内虽有不少同志知道有一个中央文库，但从不知道库址的具体位置。

妻子被捕，文库转移

白天，陈为人夫妇俨然经营着小店生意。一到晚

128

公元1932年 公 元 1 9 3 2 年

世界大事记

1月，萨尔瓦多四万农民反独裁起义遭马丁内斯军政府镇压，遇难者达三万余人。

《1921~2001：走进历史深处》

陈为人

坚强 忠贞

人物 关键词 资料来源

中共中央创办的机关刊物《红旗》

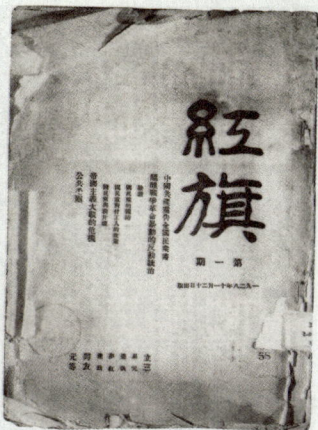

上，店堂关门打烊后，陈为人就到三楼的密室，通宵达旦整理文件。总的原则，就是按照瞿秋白的《办法》整理，按文件形成的时间、地区、作者等类设编号，做到所有文件分门别类，井然有序，同时为了保存和转移方便，尽可能躲过敌人的耳目，他将原来字体较大的文件改抄成小字，将写在厚纸上的文件改抄在薄纸上，原先文件有空白处的则剪裁掉，这样可减少文件体积，增加安全系数。上海天气雨水多，纸张潮湿，夫妇俩将文件箱子搁置在阴凉干燥的地方，又时常翻动文件，防止霉变。

经不断整理，原先二十多箱文件已经缩减为六大皮箱。后来陈为人多次搬家，相对减少的文件数量，着实好处不少，哪怕销毁，也要方便一些。在家里，陈为人在卧室里一定要放置一个火盆，旁边还放有火柴和引燃物，看上去好像他怕冷，常在烤火的样子，实际上，他是准备一旦发生不测，立即点火烧毁文件，甚至不惜点火烧楼。

1935年，敌人破获了中国共产党在上海的不少机关，许多同志被捕，代号张老太爷的张唯一也未幸免。韩慧英去张老太爷处接头时，被守候在那里的特务抓住。陈为人见妻子未在规定的时间内回来，情知不妙，立即搬家。这回他化名张惠高，以木材行老板的身份，在小沙渡路（今西康路）合兴坊租下一栋二层楼房，所有家当和三个孩子也跟着转移至此。

中国共产党印发的《中央关于建立秘密工作的通告》

积劳成疾，不治身亡

妻子和唯一的联系人都被捕了，按规定，他不能与党内其他人发生联系，因此连生存都发生了困难。他一边奔走谋生，一边打探妻子的下落。两个多月过去了，被捕的妻子生死不明。

无奈之下，他只得写信给妻妹韩慧如，说她姐姐生病了，希望她能到上海来一次。

韩慧如在河北一所小学做教师。接到姐夫来信，她匆匆赶到上海，到姐夫家后，才得知，原来姐姐已经被捕，姐夫家十分困难，一天只能吃两顿红薯，而为了掩人耳目，每次在吃红薯时，还会端上一小碗装装样子的干鱼片。再看三个孩子，个个面黄肌瘦，营养不良，穿得破破烂烂，可怜极了。

韩慧如看到姐夫家的样子，也约略知道了姐夫和姐姐做的是什么"生意"，她愿意留下来帮助姐夫度过难关，照看孩子。

1935年底，韩慧英忽然回来了。她在狱中受尽酷刑，但坚不吐实，坚持说自己刚到上海投亲，找人走错了门，加上一口乡下土话，终于蒙过敌人获释回家。韩慧英回来后，姐妹俩白天外出教书，赚点钱补贴家用，晚上一起帮衬姐夫整理文件。

可是陈为人的身体日见消瘦。他早年得过肺病，这时因营养不良、过于劳累而再次复发，整夜不停咳嗽，后来还吐血，他既没有钱上医院，也怕暴露身份，只好硬

1月18日，上海三友实业社工人抵制日本驻沪武官田中隆吉唆使的白莲宗僧人、浪人挑衅，焚烧厂房。事后日本领事馆被逼向上海当局表示道歉，允诺惩凶赔偿。

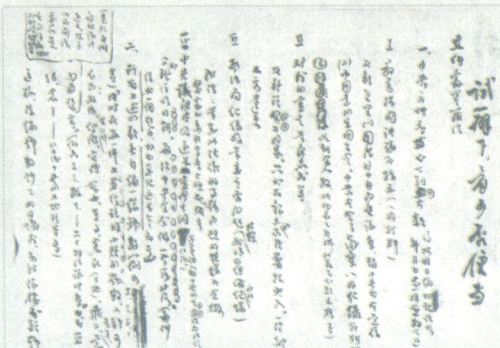

瞿秋白起草的《文件处置办法》
周恩来在上面批注："试办下，看可否便当。"

挺着，继续工作。

1936年秋，陈为人终于又接上了组织关系。

中央得知陈为人的身体健康状况后，决定将中央文库交由他人保管。陈为人虽舍不得，但中央的决定必须绝对服从。夫妇俩将所有的文件又整理了一遍，装在四只大箱子中，护送到恺自迩路（今金陵东路）上的指定地点，由来人接应转移。

半年后，陈为人病危，中央特科的徐强将他送进医院治疗，但终因病情严重而不治，年仅38岁。

三A电报，文件转至北平

此后中央文库一直处在中央情报系统的掌管之中，

历史文化百科

〔图书杂志审查法〕

1934年6月，国民党中央宣传部为查封革命进步书刊，公布法令规定：凡出版的图书杂志付印前应将稿本送该部所设图书杂志审查委员会审查；在被准予出版后，还须送三份供审查官员核对，如与审稿不符，即受内政部处分。此办法压制文化和思想，引起很多文化人愤懑，以至采用将原稿被删去文字用"开天窗"的方法处理，或将所谓有悖处用"×"代替，如当局为献媚日本，不准在书刊上出现"抗日"，即用"抗×"表示。

中共中央政治局机关所在地：上海云南路477号

负责人有徐强、刘少文、吴成方、陈慧瑛等。在那个严酷年代，文库多次面临极度危险的境地，被不停地辗转转移，但始终在中国共产党的掌控之中。抗战结束后，中央曾想将全部文件运往延安，也因为此计划实在过于冒险而放弃。

上海解放时，经管文库的是陈来生和他的爱人王月英。他们立即将所有文件移交给了市委组织部，再由组织部层层上报。

1949年9月18日，华东局办公厅收到中央办公厅发来的一份三个A字级的电报。这份电报由杨尚昆起草，毛泽东、刘少奇、周恩来、朱德四位领导人批阅签发。电报说："大批党的历史文件，十分宝贵，请你处即指定几个可靠的同志负责清理登记，装箱，并派专人护送，全部送来北平中央秘书处，对保存文件有功的人员，请你处先予奖励。"

现在，这批珍贵的中央文件都完好无损地保存在中央档案馆，其中一些珍贵的文稿已分别被收入毛泽东、刘少奇、周恩来、朱德等老一辈无产阶级革命家的选集、文集中。 　邢建榕

世界大事记

1月21日，国联远东调查因由英、美、法、德、意五国代表组成，团长为英国人李顿。

吴晓 朱洪《陈独秀一家人》《从领袖到平民》

陈独秀 潘兰珍　　正直 忠贞

人物　关键词　资料来源

○四二

陈独秀被捕

陈独秀在上海被捕后，与他结婚已有两年的妻子潘兰珍才知道她的"老头子"王先生原来就是大名鼎鼎的共产党领袖陈独秀。

老头子原是大人物

1932年10月16日早上，上海的马路上车水马龙。报童在大声叫卖报纸："卖报，卖报！看特大新闻，共产党首领陈独秀在上海被捕！"这时一个看上去不过20岁左右的女子带着一脸的疲惫，匆忙地走在回家的路上。这个刚下夜班的女工叫潘兰珍，听到报童叫卖声，就买了一份《中央日报》。她每天都要买一份报纸给她的"老头子"王先生。"老头子"就是她的丈夫。

潘兰珍无意间瞄了一下报纸，一张再熟悉不过的面孔映入眼帘："天哪，这不是阿拉老头子吗？"潘兰珍吓出了一身冷汗。她与丈夫结婚已有两年，做梦也想不到，她的"老头子"王先生就是大名鼎鼎的共产党领袖陈独秀。

赏金3万捉拿陈独秀

潘兰珍是出身于农家的女子，在上海烟厂做工。她最初知道陈独秀这个人，是在街上看到的一张《通缉令》。《通缉令》上有陈独秀、瞿秋白、周恩来等人的名字。当时潘兰珍回到家，对陈独秀说："老头子，侬晓得吧，街上贴告示捉拿共产党头子陈独秀呢！"

陈独秀漫不经心地说："关我们什么事！"

"捉到陈独秀有3万块赏金呢，3万呀！"

"他们捉不到陈独秀的。"

"侬哪能晓得，侬认得伊吧？"

"不认识，我要是认识，我就可以得到3万赏金啦！"

"不，阿拉不要这赏金，国民党捉到伊，是要杀伊头的。"

陈独秀听了潘兰珍的话，心里很感动，说："好了，我们老百姓不谈这些事。"潘兰珍回想起这件事，觉得"老头子"当时神色有点不正常，有意打断了话头。

急促的敲门声

陈独秀是1932年10月15日晚上被捕的。他当时住在上海岳州路永吉里11号。晚上7点多钟，永吉里静悄悄的，陈独秀在昏暗的灯光下看报纸。就在这时，传来一阵急促的敲门声，把陈独秀吓了一跳。陈独秀这时已经被开除出党，与外界的联络大大减少。他住的这个地方很少有人知道。敲门声如此

晚年陈独秀（左图）

上海十六铺（下图）

20世纪30年代初上海外滩十六铺码头，熙熙攘攘，人群如蚁，着短褂长衫者，参差其间，犹如一幅现代"清明上河图"。

中国大事记

1月28日，"一·二八"上海事变。日军侵犯上海，强占闸北，驻沪第十九路军奋起抵抗，揭开淞沪抗战序幕。

陈独秀诗稿

陈独秀在狱中诗书自娱，此为所写《金粉泪五十六首》诗作手稿。

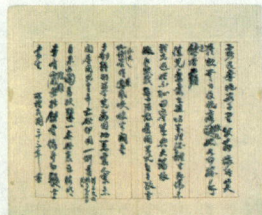

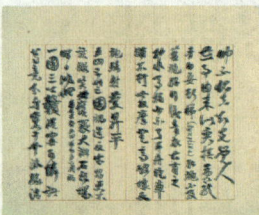

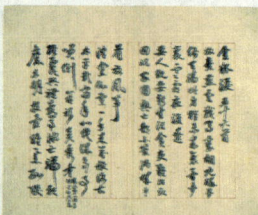

急促，看来来者不善。但是，陈独秀这时已没有退路，只好硬着头皮开门。

门一开，一群中西探员蜂拥而入，向陈独秀亮出了法院的拘票和搜查票。陈独秀瞄了一眼，不动声色地说："为什么抓我？我有什么罪？"探员不耐烦地说："有话到公堂上去说！"探员在陈独秀家中搜查出若干中、日、俄三国文字的共产党文件，探员们连人带文件一并送到红皮钢甲车上，这是陈独秀一生中第五次被捕。

患难见真情

潘兰珍知道事情的真相后，决定面对现实，与"老头子"共患难。她天天跑警察局、巡捕房，打听陈独秀的下落。警察、巡捕对潘兰珍横眉冷眼，还不时地敲诈勒索。十多天以后，她终于打听到陈独秀已经作为政治要犯被押解到南京老虎桥模范监狱。潘兰珍决定到南京监狱看望并照料陈独秀生活起居。她辞去了工厂里的工作，将领养的一个小姑娘送到老家南通托人抚养，然后退了房子，只身到了南京。

陈独秀得知潘兰珍来到监狱的消息，既感到意外，又觉得在意料之中。夫妇俩在监狱相见时，抱头痛哭。陈独秀一再向潘兰珍表示歉意，希望她探监后立即返回上海，不要丢掉赖以生存的工作。陈独秀说："蒋介石是一个杀人不眨眼的刽子手，他随时都会杀了我，而你还年轻啊！"言下之意，希望潘兰珍离开他，另嫁他人。潘兰珍动情地说："老头子，侬怎么说这样的话！侬是一个大人物，阿拉只有更加敬重侬。"

陈独秀虽然身陷囹圄，但因为他的名气大，在监狱里极受优待。他住了一间原来看守住的房子，约有二十平方米左右。房间里除了一张大床和几把椅子外，还放了两个书架，上面放了不少经史子集一类的书。国民党要员及社会名流如胡适、罗世伦、段锡朋、刘海粟等不时来探监，陈独秀并不寂寞。

潘兰珍在监狱附近租了一间破房子住了下来，靠给别人缝缝补补维持生活。她每天都要做一点可口的小菜送到监狱去，为陈独秀洗衣、理发、修面，甚至给他唱唱家乡的小调。因为有了潘兰珍，陈独秀身心受到极大的安慰。陈独秀不像坐牢，倒像是居家过日子。

1937年抗日战争爆发，在狱中度过5个春秋的陈独秀走出了南京老虎桥监狱，潘兰珍紧紧相随陈独秀，开始了漂泊四川江津的生活。 〉华强

陈独秀原墓

1942年5月，陈独秀病逝。时有友朋陈帆教授挽联：生不遭当世骂，不能开一代风气之先声，死不为天下惜，不足见确尔不拔之坚贞。陈墓原在江津，后迁安庆。

世界大事记

2月2日, 英、美、法、意、德五国公使照会中日两国, 提议上海为国际共管中立区。

沈文彬《中国的足球摇篮: 上海足球运动半世纪(1896—1949)》

李惠堂　技艺　才华

人物　关键词　资料来源

○四三

球王李惠堂

球王李惠堂, 不仅球技一流, 更兼文武全才, 成为当时人们关注的焦点。

球王来沪

上海自1843年开埠以后, 近代竞技体育开始传入, 足球运动最早在教会学校里落地生根。1895年圣约翰书院成立了上海第一支足球队, 球员都是书院的学生。时值清末, 学生们的头上还梳着辫子, 踢球的时候辫子满场飞舞, 看得人眼花缭乱, 人称"约翰辫子军"。西风东渐, 上海人也以一种宽容的心态接受了这种洋玩意儿, 1902年, 圣约翰书院与南洋公学举行了上海第一场足球赛, 吸引了不少校园内外人士前来观看比赛, 此后, 校际比赛日益频繁, 成为校园的新鲜时尚活动。

20世纪20年代以后, 足球运动也从校园逐渐走向社会, 1924年上海成立了中华足球联合会, 由各界人士组织的华人球队不断增多, 水平也不断提高, 但华人的足球比赛, 因为技不如人, 打不进西人足球联合会。当时西联会每年组织史考托杯赛、国际杯赛等, 或者与外省市进行埠际比赛, 号称上海队, 实际上参加比赛的都是外国人, 有名的西人球队有腊克斯队等。这种尴尬的局面, 在球王李惠堂来沪后才得以挽回。

李惠堂是广东人, 1905年出生于香港大坑村, 自小爱好踢球, 加入香港南华足球队后, 被选为甲组成员, 1923年曾代表中国出席在日本举行的第六届远东运动会, 使中国队第五次蝉联足球冠军。同年随南华队访问澳大利亚, 因表现卓著, 当地报刊称李惠堂为"亚洲球王"。1925年, 李惠堂来上海发展, 经人介绍进入华安合群保险公司工作, 同时参加了乐群足球队。第二年乐群改名乐华, 李因为人热心, 球技高超, 担任了乐华的董事兼队长, 成为球队的核心, 并吸纳了不少足球名将加盟。他在乐华, 一边做球员踢球, 一边实际做教练的工作, 他后来回忆说:"那时上海踢球和看球的味道都与香港有点不同, 上海球员好盘弄, 施展浑身解数, 卖弄花哨以娱观众, 或把球踢到半天高。"他着重向队员讲解足球技战术, 乐华队的水平因此得以跃升。

球王李惠堂 (上图)
李惠堂和他所获得的奖杯、奖牌 (右图)

战绩显赫

李惠堂到上海后,不久有朝鲜高丽队来访,乐群队出战,以3:1胜出,三球均由李惠堂踢进。1926年为参加上海万国足球赛,由中华足联组织了中华队,李惠堂任队长,在比赛中以3:2击败了葡萄牙队,决战中又与多年的国际杯冠军苏格兰队踢平,由此声名鹊起,结束了洋人球队霸占上海的局面。随后在上海最高水平的史考托杯联赛中,乐华队竟以4:1的比分打败老牌冠军腊克斯队,尽管在复赛中被当届冠军西商队所败,但其战绩已经不容小觑,在上海足坛引起了轰动。1927年,乐华队再接再厉,终于获得西联会甲组赛冠军,同时获得西联会所设的高级杯赛冠军,还获得当届中华足球联合会所组织的甲组赛冠军,一年连中三元,几乎囊括了全上海最高水平足球赛的所有锦标,令人惊叹不已。

这一时期,上海的足球运动处于第一个高峰期,发展迅速,水平提高很快,大长了中国人的志气。这既与当时体育运动的普及发展、青年学生积极参加有关,也与李惠堂领衔的乐华队在上海的崛起密不可分。此后,乐华队出征海外,接连两次访问东南亚,也取得不俗战绩,李惠堂"亚洲球王"的名号愈来愈响亮。

1927年底,乐华与香港南华、中华联合组队出访澳大利亚,李惠堂仍为队长,比赛31场,胜14场,平3场。

1928年李惠堂应邀率乐华队出访菲律宾,共打6场球,结果是4胜1平1负。

1929年,应万金油大王胡文虎之邀,李惠堂与乐华队出访南洋各岛,共出战23场,胜19场,平1场,败1场,另两场无结局。

1930年乐华队准备出访欧洲,但因故未成,辗转再访南洋,共比赛32场,胜13场,平13场,败6场。

圣约翰大学学生足球队(上图)
20世纪20年代活跃于上海足坛的圣约翰大学学生足球队。

上海法租界公董局巡捕房组成的足球队(下图)

足球赛
上海侨民们经常举行足球赛。

期生活在香港，能讲一口流利的英语，所写的文章也精彩流畅，亦能作诗，还是一个高水平的网球运动员，堪称文武全才。1928年他出版的《足球》一书，是我国较早且比较全面的一本足球专著。除此之外，他还写过多本足球方面的著作，如《我与足球》、《足球登龙术》、《足球基本技术》、《足球规律诠释》、《乐华南征记》、《球圃菜根集》等，还在报刊上发表大量有关足球的文章，对上海和全国的足球运动发展起过积极作用，有的直到现在还有一定影响。

李惠堂还被电影公司看中，客串演员，参与电影拍摄，其中一部是上海电影公司专为李惠堂拍摄的以足球为背景的电影，名为《2:1》，李惠堂后来回忆说："我记得影片有三部我有份在其中表演，第一部是《上海三女子》，第二部是《同居之爱》，第三部是《2:1》。老牌明星韩云珍、杨耐美、丁子明、朱飞、龚家农等主演，拍电影而不拿一分钱，所以我叫自己业余明星。"

1930年李惠堂一家回到香港。这时，乐华队人心涣散，不久宣告解体。30年代后，上海工商经济实力强劲，体育运动得到社会各界的扶植，足球队更多了，实力超群的是东华队，该队吸纳了多名原乐华队球员，多次获得各类比赛的冠军。在香港，李惠堂担任了南华足球队队长，带队频繁出赛，所战皆捷，连续数年为全港甲组足球赛冠军杯得主，并在1935年上海承办的第六届全运会足球赛中获得冠军。抗战期间他还在西南各省组织球赛，进行抗日救亡宣传活动。

在以上共约80余场比赛中，穿9号球衣的李惠堂屡建殊功，他的球技之精妙，尤以临门一脚倒地卧射的绝招，几乎到了出神入化的地步，且力大势沉，往往让人看得如痴如醉，喝彩不已。有一次比赛，他一脚劲射，竟令人震惊地射穿了对方球网。还有一次李惠堂率队与外国球队交锋时，获点球机会，他拔脚怒射，球如炮弹出膛，对方门将接球后连球带人滚进网窝，当即呕吐不止。一时间，"看戏要看梅兰芳，看球要看李惠堂"，成为国人的流行语，家喻户晓。

李惠堂和乐华队不仅闻名全国，而且蜚声海外，在南洋，各界人士"对乐华尽其倾慕之情，球王之英姿飒爽、儒将风度，为妇孺所乐道"，球王"球衣恒为9号，故南洋各埠，不论球人球迷，不论男女老幼，无人不知9号之英勇，也莫不为视线集中之焦点，李惠堂三字反不及9号之无人不晓"。有人还乘机制造销售"9号健身酒"牟利，居然获利丰厚，可见球王当时影响之大。

文武全才

李惠堂虽未上过大学，但具有很高的文化素养，因长

公元1932年

3月1日，日军偷袭浏河登陆，上海中国守军撤至嘉定、太仓第二道防线。

1935年远东最大的上海体育场

李惠堂一生投身足球事业，三次参加奥运会，第11届(1936年)为中国足球队队长，第14届(1948年)为教练，第17届(1960年)代表中国台湾参加。从1923年(18岁)进入南华队到1947年(43岁)挂靴的25年中，他在比赛中获得的金质奖章达一百余枚，银杯一百二十余座，踢进的球不下一千个，一场踢进三个球的有三十多次，其中最多的一次，竟在一场中踢进14球，令人叹为观止，此后几十年间的中国足坛，也没有哪一位足球运动员打破过此项纪录，他的"亚洲球王"的称号名不虚传。1976年，在联邦德国一家权威性足球杂志组织的评选活动中，李惠堂同贝利(巴西)、马修斯(英格兰)、斯蒂法诺(西班牙)、普斯卡士(匈牙利)齐名，被评为"世界五大球王"。 》邢建榕

远东运动会记录				
时间	地点	内容		附注
第一届 1913.2.1-2.9	马尼拉	韦焕章获120码高栏和跳高冠军，成绩为18秒，5英尺5；陈彦获跳远冠军，成绩为19英尺11；潘文炳获10项运动冠军，足球获亚军。1912年4月，中国、菲律宾、日本三国商定成立远东体育协会，并作出每两年轮办一次运动会的决议		
第二届 1915.5	上海	中国足球队战胜菲律宾队获冠军，以后历届均夺冠。国际奥委会向上海组委会发来贺电。中国此后各高等师范均添体育专修课		
第三届 1917	东京			
第四届	马尼拉	中国朱恩德获五项十项全能冠军		
第五届 1921.5.30-6.4	上海虹口	欧美旅华人士亦有选手，中国获篮球冠军		国际奥委会指派亚洲委员加纳治五郎在会上演说
第六届 1923	东京	中国领队为上海青年协会体育主任美国人葛雷(J.H.Giay)		
第七届 1926	马尼拉			
第八届 1927.8	上海	此后运动会均由中华全国体育协进会筹款和经办		
第九届	东京			
第十届 1934.5.12-19	马尼拉	中国足球队连获九次冠军，排球五次夺冠。中国女子游泳运动员杨秀琼获冠军		本届之后，因日本策划"满洲国"参加，中国坚决反对，并宣布退出。远东体协解散。

世界大事记

3月7日，美国总统罗斯福实行新政。

曹禺《曹禺选集》
田本湘《曹禺传》

曹禺　启蒙
巴金　机遇

人物　关键词　资料来源

○四四

曹禺和《雷雨》

《雷雨》暴风骤雨式的情感倾泻，深刻揭露了旧制度的昏暗、腐恶。

《雷雨》的降生

曹禺天资聪慧，自幼涉猎了大量古典小说，深受中国古典文学的熏陶，还是在南开中学读书的时候，就首次以"曹禺"的笔名发表小说。

1928年，曹禺被保送进入南开大学政治系学习，不久又考取清华大学西洋文学系。在校期间，曹禺广泛接触了欧洲古典戏剧，他喜欢古希腊悲剧，喜欢莎士比亚的作品，也读了易卜生、契诃夫、萧伯纳、高尔基等人的剧作。这些大师遒劲、瑰丽的笔调不仅极大地提高了他的文学艺术修养，更深深地融入了他的思想，化作了他写作的养料。

清华园里的求学氛围十分恬静。课余，曹禺经常活跃在业余的戏剧舞台上，有时还集编、导、演于一身，才华出众，被誉为"清华之虎"。

在创作《雷雨》之前，曹禺总隐隐觉得有一种汹涌的情感，在心中进涌，他想揭露腐朽没落的旧制度，想用自己的笔来抨击它的罪恶，发泄被压抑的愤懑，于是他便立志写《雷雨》这一类的剧本，因为他在自己的生活圈子里看到过一些类似繁漪和周朴园这样的人物。

不过，曹禺并不急于单刀直入，去直接构思剧本框架及描写剧情的曲折发展。起初的时候，他只是对《雷雨》有一个模糊的影像。为了更加准确地刻画剧中人物，他撰写了许多不同类型人物的小传，其数量远远超过《雷雨》中的八个主要角色。之所以这样做，曹禺解释道："《雷雨》中的每个人物都有真实的影子，但又不是一个人，而是集中了很多人物的特点，再加以我的创造。"后来曹禺自己也记不清这些人物小传写了多少种，又修改了多少遍，以至稿纸堆满了宿舍的床底。

为了写好《雷雨》，曹禺每天清晨就急匆匆赶往学校图书馆，在阅览室里那个固定的位子上一坐便是一天，一直到夜晚10点闭馆的时候，才快快离开。通过大量浏览书籍和画册，逐步把人物的性格和语言的特色揣摩清楚。

1933年，《雷雨》终于在曹禺的笔下落下最后一幕。但当时的他只是一个临近毕业的大学生，有谁会来关注这个默默无闻的毛头小子写的剧本？曹禺本不对《雷雨》抱很大期望，因为在写作的时候，他就没有想到有人会排演他的戏。幸而，靳以向巴金推荐了《雷雨》。巴金一口气念完了剧本，并深

扮演周朴园的曹禺（上图）
话剧《雷雨》剧照（下图）
1935年，上海复旦剧社首演《雷雨》的剧照，图为周萍与同母异父妹四凤私会，为与他有染的后母繁漪撞见。于是在一场大雷雨之夜，这个家庭所有的伦理大乱套的隐秘，全都被揭露了。

深为曲折动人的剧情所打动，为之落泪。这位年轻作家的才华令巴金震惊，他带病对《雷雨》进行了校对和编辑，并发表在当年7月1日出版的《文学季刊》第三期上。

三言两语话《雷雨》

四幕话剧《雷雨》以1923年前后的中国社会为背景，通过周、鲁两个家庭及其八个成员之间30年的错综复杂的情感纠葛和悲惨结局，揭露并批判了带有浓厚封建色彩的资产阶级家庭的虚伪与堕落。

曹禺按照"三一律"原则（即时间统一、地点统一、动作统一），将整个戏剧故事浓缩在一天时间（从上午到午夜两点）里的两个舞台背景（周公馆的客厅、鲁家的小套间）中，集中表现出剧中人物之间的伦理纠葛与爱情悲剧。

30年前，周公馆的少爷周朴园与侍女侍萍相爱并育有二子。后周家为另娶名门闺秀，将侍萍驱逐，但留下了

长子周萍。侍萍带着刚出生3天的幼子投靠无门，愤而自杀，被人救起后嫁给了鲁贵，生下女儿四凤，周朴园的次子也改名鲁大海。周朴园后来当了煤矿公司的董事长，与妻繁漪生有儿子周冲。

30年后，鲁贵父女在周公馆做仆人，鲁大海在周家煤矿当工人。周萍与后母繁漪发生了乱伦关系，为了摆脱后母的纠缠，周萍极力追求四凤，而周冲则天真地爱着四凤。

《雷雨》的戏剧性冲突就是由这一张以血缘关系结成的纵横交错的网所构成的，夫妻、父子、母子、兄弟、兄妹之间的爱恨情仇交融在一处。最后，随着周朴园与侍萍的关系真相大白，沉积已久的矛盾彻底爆发，四凤与周冲触电身亡，周萍自杀，全剧在风雷大作的恐怖氛围中终结。

在《雷雨》的八个人物中，繁漪是曹禺最早想出，也是他塑造得最成功的一个。她是个美丽、多情、任性的女性，"她的生命交织着最残酷的爱和最不忍的恨，她拥有行为上许多的矛盾"，身为资产阶级的太太，却是旧制度的受害者，没有自由却渴望自由，生活单调仍憧憬美好。因此，曹禺觉得"繁漪自然是值得赞美的"，"她有火炽的热情，一颗强悍的心，她敢冲破一切的桎梏，做一次困兽的斗"。通过对繁漪复杂性格的刻画，不仅可以让人们看到封建专制的暴虐和对人性的残害，也充分显示了曹禺非同凡响的艺术才能。

国民党加强对学校教育的控制
国民党统一全国后，逐步加强了对学校教育的控制，三民主义成为唯一的指导思想。

除了繁漪，周冲也是曹禺最喜欢的人物之一。曹禺说："在《雷雨》郁热的氛围里，他是个不调和的谐音，有了他，才衬出《雷雨》的明暗。"

震撼人心的《雷雨》

巴金曾经这样评价《雷雨》："《雷雨》是一部不但可以演，也可以读的作品。"这正好说出了曹禺的本意，因为他写这部戏确实不仅想着看戏的观众，也想着看不到演出的读者。为了读者的方便，曹禺用了许多篇幅描述每个人物的性格。

《雷雨》兼具可看性与可读性的关键在于跌宕起伏的剧情演绎，紧张曲折的戏剧冲突，如同一只无形的大手紧紧扣住观众或读者的心弦。全剧幕幕都有一处小高潮，从吃药引发周朴园与繁漪的冲撞，到侍萍与周朴园重逢，揭开周鲁两家30年的恩怨，如此一步步将故事推向高潮，最终引爆一切矛盾，再归于沉寂。

在《雷雨》出现之前，不乏暴露封建大家庭和宗法专制罪恶的作品，而《雷雨》在揭示这个主题时，却独辟蹊径，既批判了资产阶级的罪恶，也表现了深刻的反封建主题。思想的封建性与生活的资产阶级化，恰恰就是

民国时期出版的《雷雨》

半殖民地半封建中国社会中资产阶级家庭的共同特征。从这个意义上讲，诞生在左翼戏剧运动蓬勃展开时代背景下的《雷雨》在艺术上弥补了当时左翼戏剧创作的不足，这是《雷雨》震撼人心的又一面。

《雷雨》从问世至今，已有八十余年，若以人生来比，它已是耄耋老人。但《雷雨》的艺术魅力并未随着时光的推移而有丝毫减损。一代又一代演员在舞台上、在银幕中，如同接力棒似的一次次精心出演着这部跨越时代的作品。　〉邢建榕

20世纪30年代剧作家代表作记录			
剧名	剧作者	写作或发表年月	附注
名优之死	田汉	1929	《田汉戏剧集》包括《卡门》《暴风雨中的七个女性》等12部剧本
五奎桥	洪深	1933	《农村三部曲》之一，另两部为《香稻米》、《青龙潭》
雷雨	曹禺	1933	另有初期的《原野》
这不过是春天	李健吾	1934	
日出	曹禺	1935	
狄四娘	张道藩	1935	另有《自救》、《自误》
石达开末路	陈白尘	1936	另有《恭喜发财》、《太平天国》
上海屋檐下	夏衍	1936	另有《赛金花》、《自由魂》（《秋瑾》）
李秀成之死	阳翰笙	1937	另有《前夜》

〇四五

徐海东赤膊杀敌

在寒风凛冽的冬天，红二十五军副军长兼七十四师师长徐海东只穿了一条裤头，提着一把大刀率领队伍上阵，打退了国民党军两个师，活捉了五百多个敌人。

1932年，徐海东被任命为红二十五军副军长兼七十四师师长。当时王明"左"倾机会主义在党内占统治地位，他们一味强调学习苏联经验，号召攻打中心城镇，甚至提出"会师武汉，饮马长江"等口号。在这

浑身是胆的徐海东

种背景下，中共鄂豫皖省委号召红军夺取中心城镇。

不计后果大胆直言

红二十五军奉命参加了一系列攻打中心城镇的战斗，结果不但没有夺取中心城镇，反而伤亡惨重，元气大伤。红二十五军官兵上上下下心里憋着一肚子气，认为中共鄂豫皖省委瞎指挥，却又不敢说。当时，各革命根据地奉命开始在内部进行"肃反"。一些与领导持不同意见的人成了"肃反"的对象，被打成"敌特分子"，不少人被处死了。

七里坪战斗结束后的一个冬日，外面飘着纷纷扬扬的雪花，中共鄂豫皖省委召开省委会议，总结工作。参加会议的人大多一声不吭，闷着头、竖着耳朵听。徐海东见大家都不开口说话，于是不计后果，在会上狠狠地放了一炮。他说：

"七里坪战斗打响前，许多指战员认为敌我强弱态势悬殊，这一仗不能打，可是省委强令非打不可。战斗失败，我军伤亡惨重，省委要负全部责任。"省委书记沈泽民表示，省委的确是有责任。徐海东强调说："我说的是省委应对战斗失败负全部责任，只有小资产阶级的领导才会不管战士的死活！"沈泽民一听这话就火了，说："徐海东，你说谁是小资产阶级？难道只有你才是无产阶级！"徐海东还要争辩，沈泽民让他离开会场，不要说了。

徐海东离开会场后，本来十分郁闷的心情变得更加郁闷。联想到顶撞省委领导的后果，下一个"肃反"对象会不会就是自己？他想，砍头也就是碗大的疤。自从参加革命以来，哪一天不是拎着脑袋走路？想到这里，心情就坦然了。徐海东坐在屋子里静等逮捕令，他将八角帽上的红五星悄悄摘下来。他明白，一旦逮捕，这颗红五星就不再属于他了。

把衣服留给同志们

不料徐海东没有等到逮捕令，却等到了匆匆而来的特务连长。连长向他报告，说国民党军三十师和三十一师攻上来了。徐海东一听，立刻跳了起来，两眼闪光：与其被

红二十五军领导人
1934年11月，由吴焕先（前左一）、徐海东（前左三）等率领的红二十五军离开鄂豫皖大别山根据地西征，图为出征前夕的合影。

世界大事记

5月，苏联与罗马尼亚就比萨拉比亚问题谈判，未果。

《十大将军元帅秘闻》 王树增

徐海东 沈泽民
勇敢 耿直

人物 关键词 资料来源

号召农民参加红军的宣传画

逮捕处死，不如战死沙场。他立即命令两个团长组织反击，从国民党军的两翼包抄过去。两个团长听了命令后，愣住了：国民党军两个师，我们两个团，这仗怎么打？再说，两翼包抄，这正面的敌人谁来解决？"执行命令！"徐海东不由分说，让两个团长立即行动。

这时候，风更大，雪更紧，透过风雪已经看得见国民党军黑压压地向前涌过来。这时徐海东豁出去了，他在凛冽的寒风中当着所有战士的面扒掉自己的棉衣、脱下背心、衬衣，脱掉鞋子、袜子，光着上身，只穿了一条裤衩。大家见副军长嘴唇冻得发紫，不知道他要干什么？徐海东说："就是死，也要把衣服留给同志们！"说罢，徐海东提着一把雪亮的大刀，赤膊光脚叫着招呼特务连的战士冲向敌群。

徐海东这一招，不仅让红军战士惊呆了，更使敌人惊呆了。红军战士见副军长赤膊上阵，一个个也挥舞着大刀勇敢地冲向敌群。国民党军被徐海东意外的阵势和凶猛的冲杀弄懵了，原来整齐的队形一下子被冲得乱七八糟。徐海东身先士卒，左杀右砍，很快就打退了敌人的

沈泽民的挂表

沈泽民的表是他赴鄂豫皖苏区时，瞿秋白赠送的。后来又由徐海东借与彭德怀，彭德怀交与杨之华。现此表为中国国家博物馆之藏品。

国民党军官正研究"围剿"红军事宜

进攻。这一仗，徐海东打退了国民党军两个师，打垮了一个旅，活捉了五百多个敌人。

省委书记送表夸奖

徐海东原本想战死沙场，却又好端端地回来了。他躺在床上，累得大口大口地喘气。就在这时，警卫员报告说，省委书记来了！徐海东一惊，真的下达逮捕令了？他问："几个人？"警卫员说："只有书记一个人。"正说着，沈泽民一下子跨进门来，大声说："海东，打得好啊！"徐海东说："打退了敌人，你们正好可以下手了！"沈泽民开始愣住了，很快就明白过来，徐海东还在生气呢！沈泽民坐下来，与徐海东谈心，夸他打仗勇敢，消除了徐海东的误会。临走前，沈泽民将瞿秋白以前送给他的一块怀表送给了徐海东。

沈泽民后来在省委召开的会议上宣布："只要我不死，就不允许有人说徐海东有问题。谁说他有问题，谁就是反革命！"中央后来向鄂豫皖省委了解"肃反"情况，沈泽民谈到徐海东时说："徐海东在'肃反'中没有被杀掉真是个奇迹，砍刀离开他的脑袋只有半寸远了！"有人将沈泽民的话告诉徐海东，徐海东一脸灿烂地笑着说："杀了我，谁去领兵打仗呀？"

徐海东因为功勋卓著，建国后被授予大将军衔。

》华强

〇四六

一张军用地图

1933年的一张川陕甘三省军用地图，跟随毛泽东、徐向前辗转十五年。

徐向前如获至宝

1933年春天，红四方面军进入大巴山。

大巴山地区，本是杨虎城第十七路军的防区。蒋介石原本以为红军会西进甘肃天水，便将杨虎城的第三十八军调往甘肃，而将陕南防区交给胡宗南的第一军。按理说，夹击巴山红军应由胡宗南的第一军承担。然而，惯于借"剿共"排除异己的蒋介石却故意舍近求远，责令三十八军重返陕南，与胡宗南调防。

杨虎城早就看出蒋介石的险恶用心，他听取了少校参谋武志平的建议，与红军秘密协商，双方互不侵犯。杨虎城就派武志平前往三十八军孙蔚如军长处听令。孙蔚如派武志平秘密联络红军。

武志平是中共地下党员。他出发前，利用军部参谋合法身份，偷偷地搞到一套军用地图，这是一套有十多幅图折叠拼合的川陕甘三省详细地图，对于指挥作战，极有用处。两天后，武志平来到川陕边，越过土匪盘踞地区，终于到了红四方面军后方基地通江县两河口镇，见到了军政治部副主任傅钟。

傅钟读了孙蔚如按杨虎城意思写的密信："双方停战议和，共同反蒋抗日。"当即表示："来书从国家和民族利益处着想，很可贵。"武志平打开厚厚的一叠军用地图，傅钟接过，觉得分量很重，他为武志平翻山越岭带来这样重量级的礼物，极为感动。

这时，徐向前正在前线指挥空山坝决战，战斗打得很紧张，当他从电话里听到杨虎城的特使带来军用地图时，兴奋得在电话里对傅钟说："雪中送炭呀，你马上派骑兵班送来。"

当夜，徐向前接到地图，认为真顶用。当即去电对来使表示问候和感谢。

这是红四方面军独一无二的一份大型军事地图，徐向前一直带着它指挥作战。

红色交通线

红四方面军领导人同意和杨虎城合作，并且派中共川陕军委参谋主任徐以武跟随武志平到汉中与孙蔚如会谈。

孙蔚如急忙电告杨虎城，为保密，电报只有八个字："大门叫开，何意待客？"

叶剑英与徐向前

兴国县苏维埃政府赠送给红军家属的横幅

杨虎城复电更简洁，只有三个字："举酒杯。"

会谈相当顺利，双方达成四项具体协议：

一、以大巴山为界，互不侵犯；

二、陕军前沿设联络站，由武志平常驻；

三、红军可以以隐蔽方式赴汉中采购；

四、陕军馈赠药品和军用地图，以表诚意。

会议后，武志平在汉中到大巴山间，设置了十七个接送站，雇佣了17名挑夫，每站相隔50里，到站换人，一站接一站，将红军列出的必需品，如药品、布匹、枪油、无线电器材、纸张，从汉中源源不断运到通江红军后方。它还通过由宋绮云为社长的《西北文化报》，收集南京和各地报纸，按时从这条交通线送出，使红军从中及时掌握全国各种动态。宋绮云后来为杨虎城器重，用为大秘书。武志平设接送站的故事，若干年后成为电影创作《红色交通线》的蓝本。

一张地图，几易其手

这条交通线，活动频繁，它给红军带来很多方便，但也引起了地方当局的注意。

第二年6月，孙蔚如军长忽然接到蒋介石电报，要他彻查武志平的底细。孙蔚如怕暴露，只得停止了这条交通线，武志平也难以留在三十八军，只得离开汉中。

长征途中，张国焘违抗党中央北进指示，南下四川，并电令红四方面军总政委陈昌浩率部截击毛泽东等，幸亏这份电报落在时任四方面军总参谋长的叶剑英手里，叶剑英在撤离时，就带上了这张军用地图。

他把张国焘的电报连同这张地图都交给了毛泽东。毛泽东用这张地图长达十二年。

建国后，徐向前在颐和园遇见时任北京市园林管理处副主任的武志平，把他请到家里吃火锅，相谈甚欢。谈起这张地图，徐向前说："你送的那份地图，独一份的。我在川北作战用它。长征中叶剑英把它献给党中央。一方面军长征北进依靠它。后来保卫延安，毛主席就是用它指挥作战的。"   》盛巽昌

四川大巴山

143

〇四七

萧伯纳上海之行

幽默大师萧伯纳大师造访上海，也许为局势日趋紧张的中国带来了稍许的愉悦，随着他的离去，中国又陷入了对战争的忧虑之中。

抵达上海，无心登岸

1933年初，77岁高龄的萧伯纳偕夫人乘英国"皇后"号轮船漫游世界，在宋庆龄、蔡元培、鲁迅、杨杏佛发起的中国民权保障同盟的邀请下，于2月17日晨抵达上海。之前，上海的大小报刊就已报道萧伯纳即将抵沪的消息，《申报·自由谈》登载了"萧伯纳专号"，郁达夫说："我们正在预备着热烈欢迎那位长脸预言家的萧

欢迎萧伯纳

1933年2月17日，中国民权保障同盟总会成员宋庆龄、鲁迅等于上海中山故居欢迎爱尔兰作家萧伯纳。右起：鲁迅、林语堂、伊罗生、蔡元培、宋庆龄、萧伯纳、史沫特莱。

老。"上海的生活书店也在《申报》上刊登广告，兜售有关萧伯纳的书籍。

其实，上海人对萧伯纳早已熟悉，20年代初，他的戏剧就被搬上了上海的舞台，除经典的莎士比亚外，易卜生和萧伯纳是当时上海戏剧舞台上知名度最高的外国剧作家，萧伯纳来访时，他的中篇小说《黑女求神记》正在上海连载。

上海新闻界虽然造势热烈，偏偏萧伯纳呆在船上不愿上岸。据说16日傍晚船已抵达吴淞口外，但因其夫人身体不适，加上皇后号轮船太大，如要在上海黄浦江码头登岸，需要派小火轮接驳，因而幽默大师的心情也

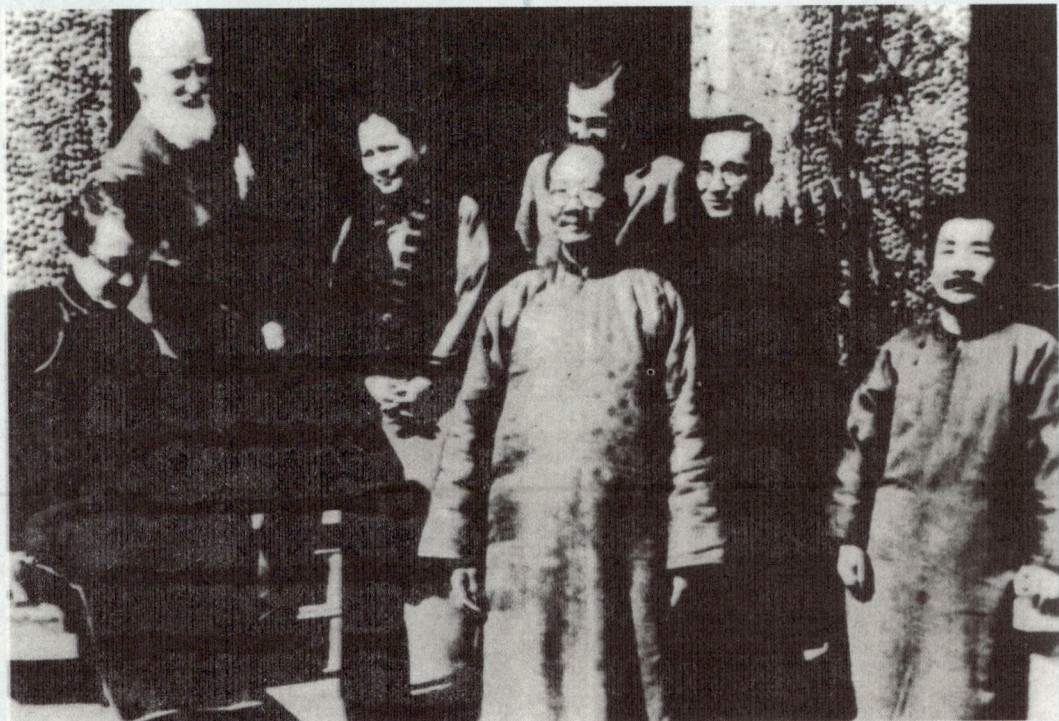

乐雯《萧伯纳在上海》

萧伯纳 鲁迅 梅兰芳　诙谐 友谊

人物　关键词　资料来源

颇郁烦, 无心登岸。

那天清晨, 宋庆龄与杨杏佛等专门乘小轮船驶往吴淞口, 登上英国"皇后"号轮船与萧伯纳见面, 相见甚欢的宋萧两人在"皇后"轮上"共进早餐"。后来在宋庆龄的执意相邀之下, 上午10时, 萧与宋庆龄在杨树浦路码头登岸。宋庆龄与萧同为世界反帝大联盟的名誉主席, 萧在上海的活动, 均由民权保障同盟组织安排。

萧伯纳诙谐百出

中午, 宋庆龄在家中设宴为萧伯纳洗尘, 陪席者有蔡元培、杨杏佛、林语堂、伊罗生和著名的美国女记者史沫特莱等。据当事人之一的伊罗生后来回忆, 这次在宋庆龄家的聚会, 实际上是民权保障同盟执行委员会的会议, 执委会希望借助萧伯纳的声望, 来反对国民党的镇压和呼吁各国人民声援中国的抗日战争。

鲁迅接到蔡元培的口信赶到孙宅时, 午宴已进行到一半。幽默的萧伯纳见到鲁迅, 称他是"中国的高尔基, 而且比高尔基还漂亮", 鲁迅则诙谐回答: "我更老时,

萧伯纳到上海的第一站就是当时宋庆龄居住的孙宅

梅兰芳"洛神"扮相

还会更漂亮。"席上, 萧翁一面像天真的孩童学习用筷子, 一面随意地闲扯"素食、中国家庭制度、大战、英国大学的教授戏剧、中国茶等"。诙谐百出, 大师就是大师, 稀松平常之事, 一经他的口, 就有意思。鲁迅在《看萧和"看萧的人们"记》一文中, 生动地记述了萧伯纳"逐渐巧妙"地学会了使用筷子的情景。

然后众人合影。一张宋庆龄与萧伯纳; 一张鲁迅、蔡元培与萧伯纳, 萧在中间, 蔡、鲁分立两边, 鲁迅后来幽默地说: "并排一站, 我就觉得自己的矮小了……假如再年轻三十年, 我得来做伸长身体体操。"第三张是在场的宋庆龄、蔡元培、鲁迅、林语堂、伊罗生、史沫特莱与萧伯纳的合影, 共7人, 杨杏佛不在其列, 疑是摄影者。这张合影后来广为流传, 上世纪60年代时, 由于林语堂是"资产阶级学者", 伊罗生被认为是"托派", 他们的形象不翼而飞, 照片上其他五个人也被移了位。"文革"结束后, 他们又被挪了回来, 这张珍贵的照片也恢复了它的原貌。

萧伯纳在上海仅仅呆了一天, 可"幽默"却在黄浦江畔热烈地发散开来。

京剧脸谱爱不释手

下午2时30分, 在法租界世界学院的大厅里, 国际笔会中国分会为这位幽默大师举行欢迎会。国际笔会由英国女作家道森·司各特夫人发起, 1921年10月成立于伦敦。1930年5月, 在蔡元培、胡适、徐志摩、杨杏佛、林语堂、郑振铎、邵洵美等人倡议发起下, 中国笔会在上海成立。

幽默大师萧伯纳与鲁迅、蔡元培在一起

熙熙攘攘的上海码头

参加欢迎会的主要是世界笔会中国分会的会员。洪深还担任了萧伯纳的"临时翻译"。

第二天的《时事新报》上，发表了萧伯纳对洪深的一番谈话。萧说："听说你在某大学学习编剧的，这就奇怪极了。在课堂里，从书本里，你学到什么没有？编剧要从人生中去学习的。"洪深感到萧的话极有见地。

梅兰芳虽非笔会会员，也应邀出席了欢迎会。萧伯

纳素来不喜欢同文艺界接触和交往，有时甚至故意逃避。但他这次来华之前已经得知梅兰芳1930年访美演出的盛况，因此抵沪后一反惯例，提出要与梅兰芳晤面。在欢迎会上，两人相见甚欢，立谈多时。

萧伯纳首先问及中国京剧中为何有锣鼓等声音？梅兰芳解释说，"这是因为京剧来自民间，以往在乡间旷野演出，必先敲锣鼓以招引观众前来观剧，后来京剧虽然移至城内剧场演出，这一锣鼓喧天的传统仍然保存了下来。"梅又补充说，"中国的戏也有静的，譬如昆曲。"

当众人力邀他讲演时，这位大文豪诙谐地说："我到这里来，好像是动物园的一件陈列品，你们既已看见，我想也不须再多说话了。"鲁迅在《看萧和"看萧的人们"》记一文中写道："萧又遇到了各式各样的质问，好像翻检《大英百科全书》似的。"临别时，邵洵美送给萧翁一套梅兰芳提供的北平土产的泥制京剧优伶脸谱作为礼物。这些脸谱五颜六色，煞是好看。萧翁乐不释手。　》邢建榕

历史文化百科

[国际笔会中国分会]

国际笔会即国际作家联合会，有三十余国作家参加，按国建立分会，中国分会于1931年在上海召开第一次会议，与会者选举蔡元培、叶恭绰、徐志摩、郑振铎、邵洵美、戈公振、郭有守为理事，互推蔡为理事长，戈为书记，邵为会计。

会章规定笔会系作家间友谊结合、协助，凡经二人介绍，理事会通过即为会员。会址设在上海。还规定每月第一星期聚餐一次，餐费为ＡＡ制。但因会员稀散，会费多无人交，即有聚餐，亦是由邵洵美承担。

刘绮菲《七七事变实录》
齐卫平 郝先平《1937·悲壮抗战》
何基沣　赵登禹
爱国　勇敢
人物　关键词　资料来源

〇四八

喜峰口大刀队

英勇的中国士兵在古老的长城上，用鲜血捍卫了民族的尊严。

训练大刀队

1933年3月，日本侵略军攻陷不设防的热河省后，逼近长城，企图冲破长城关隘，侵占华北。

把守长城的中国主力部队是宋哲元的第二十九军。他们是由原冯玉祥西北军一部改编的，总共2.2万人。热河失陷后，第二十九军奉命开赴长城喜峰口、罗文峪、马兰峪一线。

第二十九军官兵中爱国气氛强烈，可是装备非常低劣，全军使用的武器大多是自制的土枪土炮，有三分之一还是旧式毛瑟枪，所有的枪都没有配备刺刀。宋哲元只得仰仗官兵吃苦耐劳的精神。军中有不少人有武术基础，他就组织铁匠打造传统的冷兵器大刀充作兵器，聘请武术高手李尧臣为教练。李尧臣根据

宋哲元（上图）
宋哲元，字明轩，山东乐陵县人。1908年从军，由战士升至军长，曾任陕西省政府主席、察哈尔省政府主席等职。1933年春，宋哲元率二十九军在喜峰口、罗文峪一带抗击日军。

大刀队出战（下图）
日军来犯，大刀队战士举刀迎敌。

自己最拿手的六合刀、追魂剑等，自创了一套"无极刀法"，教授二十九军官兵。

血战喜峰口

3月8日，第二十九军何基沣旅长率两个营赶到喜峰口，这时日军二千余人，在12辆装甲车掩护下，占领了喜峰口北的孟子岭。两军相逢勇者胜。何基沣组织官兵，冒着敌人的枪林弹雨冲向敌阵，他们拔出身背的大刀，与敌肉搏，最终赶走了占领孟子岭的敌人。敌人后来再度攻占孟子岭，但被大刀队赶了回去。

第二天赵登禹旅赶到了。他组织部队连夜偷袭白台子、蔡家峪的日军，敌人正在帐篷里睡觉，很多人在梦中就做了刀下鬼。

3月11日，赵登禹又在喜峰口重创进入自己阵地的敌军。他勇往直前，举着大刀砍向敌人，几千名官兵跟着冲杀，终于又打了一个胜仗。战后统计，二十九军伤亡四百余人，敌军死亡七百余人。当晚，二十九军官兵又冒雪偷袭蔡家峪，手舞大刀杀敌无数。其中副营长过家芳在一

长城要塞罗文峪
1933年，中国军队在长城要塞罗文峪集结，抗击日军。

中国大事记

8月，蒋介石下令推行"保甲制度"。

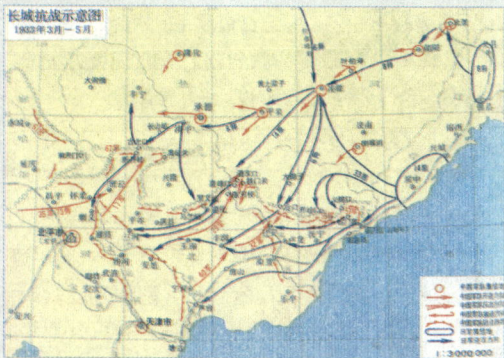

中国军队长城抗战示意图

个小寺庙里，一连砍杀15个日本兵，夺得敌大佐的自卫手枪和行军图囊，捡得日军长城地区兵力配备图。

这是"九一八"事变以来，中国军队首次重创侵略者。

再显大刀神威

七七事变时，守卫卢沟桥的二十九军官兵再显神威。就在7月8日深夜，团长吉星文带领突击队，手持大刀、腰扎手榴弹，放下绳索爬出宛平城，摸进敌营，砍杀日寇。有一个19岁的士兵，一连砍死了13个日本兵，还活捉了一个。

当时中国报纸纷纷报道二十九军大刀队的故事。如

▶历史文化百科

【长城抗战】

1933年中国军队在河北长城抗击日军侵略的战役。本年1月1日，日军侵犯山海关，2月侵占热河。3月9日侵占长城喜峰口，同日，西北军二十九军赶到防地，当夜先头部队组织500人的大刀队反袭，夺回喜峰口，此后半个月在喜峰口至罗文峪和冷口、北口等处与侵犯日军战斗。在古北口，自3月10日，中央军二十五师与日军连战三天，自损四千，毙敌两千，相持长达40天。4月11日，因冷口失陷，喜峰口等地腹背受敌，撤至通县沿运河布防。5月13日，经20日血战古北口南天门失陷。长城抗战失败。

7月12日《世界日报》说，有次大刀队与敌肉搏，日军上阵二百余名，被斩首竟达三分之一。

二十九军大刀队的英勇事迹顿时传遍了中华大地。年仅二十三岁的作曲家麦新（孙默心）颇受触动，一气呵成写了歌词，又配以刚健、激昂的旋律，创作了风靡当时的《大刀进行曲》，歌曲的副标题是"献给二十九军大刀队的弟兄们"。

这首歌原歌词是：大刀向鬼子们的头上砍去，二十九军的弟兄们，抗战的一天来到了，抗战的一天来到了！前面有东北的义勇军，后面有全国的老百姓，咱们二十九军不是孤军，看准那敌人，把它消灭！把它消灭！冲啊！大刀向鬼子们的头上砍去，杀！ 〉盛巽昌

长城版画

大刀队严阵以待
二十九军组织的大刀队在长城喜峰口多次与敌肉搏，捍卫长城。

张子申《董其武上将》
胡适《尝试后集》

胡适　爱国　壮烈
人物　关键词　资料来源

〇四九

大青山纪念碑

1933年春，日本侵略军横行冀东大地，国民党驻军奉当局指令多不战而退。在大青山上牺牲的烈士竟因当局的媾和蒙受耻辱。

二百零三位壮士殉国

1933年5月31日，正是国民党当局与日本占领军签订《塘沽协定》的日子，这天拂晓4时，天色尚在乌黑朦胧中，华北第五十九军的一千多名将士，在北平东北怀柔县附近，与来犯日军展开了一场血战。中国将士众志成城，冒着敌机轰炸，在坚硬的岩石中掘筑了战壕，抵抗来犯之敌。他们坚守到下午时，上级因要与日本签订所谓的停战协定，三番五次下令后撤。但这些将士战斗正酣，看到敌军在自己的国土上如此猖狂，又听到那丧权辱国的侵占消息，更激发他们对上级的命令不予理睬，继续战斗杀伤来敌，直到星光灿烂的晚间七时许，方才撤出阵地。

这次战斗，有二百零三位壮士英勇殉国。

北大教授胡适（上图）
傅作义为了纪念抗日牺牲的五十九军将士，特请北大教授胡适撰写纪念碑铭文，胡适为抗日烈士的气概所感染，欣然应允。
冀东防共自治委员会成立（下图）
1935年11月，日本策动华北五省自治，国民政府滦榆区行政督查专员殷汝耕，在通县宣布独立。

胡适怒斥"城下之盟"

不久，五十九军将这些为国捐躯的壮士安葬在大青山下，建立公墓，树碑纪念。军长傅作义还特地请北大教授胡适撰写碑文。

胡适为抗日将士所进行的"最壮烈的血战"感动不已，即以高度敬仰的心情，写了一篇白话碑文，由钱玄同书丹，刻石立碑于大青山麓。这就是大青山《抗日战死将士公墓碑》。他在碑文中愤怒谴责《塘沽协定》是耻辱的"城下之盟"，是"国耻"，歌颂抗日将士的殉国精神，称赞"一千多个中国健儿用他们的血洗去了那天的城下之盟的一部分耻辱"，"用他们的血染红了中华民族历史的一页"。

铭文最后是四句诗：
这里长眠的是二百零三个中国好男子！

历史文化百科

〔《塘沽停战协定》〕

1933年3月，日军侵占热河省会承德。4月，侵占喜峰口和河北滦东各县。5月中旬，日本关东军副参谋长冈村宁次又指挥军队占领密云、怀柔。在日军紧逼下，南京政府正式提出停战要求。5月30日，由何应钦的代表熊斌和冈村宁次谈判。翌日双方签订《塘沽协定》，确定冀东为非武装区，日军撤回长城线以北。这实际上承认日本占有东三省和热河，认可华北的平津地区是第二个"满洲国"。协定签订后，日裕仁天皇亲携协定文本到靖国神社向阵亡将士亡灵"报捷"，而汪精卫在南京发表书面谈话："停战谈判限于军事，不涉政治。"

他们把他们的生命献给了他们的祖国。
我们和我们的子孙来这里凭吊敬礼的,
要想想我们应该用什么报答他们的血。

暂时埋没不须悲

春去秋来,到了1935年。

这年,日本侵略者蓄意吞并北平、天津和华北五省。国民党当局屈服于日军的压力,派何应钦与驻华北日军司令官梅津美治郎秘密会谈,签订了更加屈辱的《何梅协定》。何应钦为了讨好日军,下令取缔反日活动,甚至对过去所立的任何标志,凡见有"抗日"字样的一律涂抹、掩藏。大青山所立战死将士公墓碑因有"抗日"字样当然也在被取缔之列。于是傅作义只得在墓碑上加了

大青山的秀丽风景

解放前胡适主要论著年表		
书名	出版时间	出版者
《中国哲学史大纲》上卷	1919	上海商务印书馆
《尝试集》	1920	上海亚东图书馆
《胡适文存》一集	1921	上海亚东图书馆
《章实斋先生年谱》	1922	上海商务印书馆
《胡适文存》二集	1924	上海亚东图书馆
《国语文学史》	1927	北京文化学社
《戴东原的哲学》	1927	上海商务印书馆
《白话文学史》上卷	1928	上海新月书店
《庐山游记》	1928	上海新月书店
《人权论集》(合著)	1930	上海新月书店
《胡适文存》三集	1930	上海亚东图书馆
《胡适文选》	1930	上海亚东图书馆
《淮南王书》	1931	上海商务印书馆
《中国中古思想史纲要》	1932	北大出版部油印
《四十自述》	1933	上海亚东图书馆
《胡适论学近著》第一集	1935	上海商务印书馆
《南游杂忆》	1935	良友图书公司
《藏晖室札记》	1939	上海亚东图书馆
《胡适的时论》一集	1948	六艺书局
《水经注版本四十种展览目录》	1949	北大出版部
《齐白石年谱》	1949	上海商务印书馆
《我们必须选择我们的方向》	1949	台北自由中国社

一层遮盖,上面另刻"精灵在兹"四个大字。

一个月后,胡适从报纸上看到这条消息,悲感交集,遂写下了《大青山公墓碑》一诗:

雾散云开自有时,
暂时埋没不须悲。
青山待我重来日,
大写青山第二碑。 ＞盛巽昌

○五○

杨杏佛被刺

上海法租界突然枪声响起，又一位民主人士倒在了血泊之中。

枪声响起，惨案发生

中央研究院总干事、中国民权保障同盟总干事杨杏佛，一位著名学者和政治活动家惨遭暗杀。杨杏佛名铨，字杏佛，江西樟树人。早年加入同盟会，曾任南京临时政府总统府秘书，后留学美国，参与《科学》杂志的创办。回国后任中国科学社理事，追求祖国的民主和进步。1927年任国民党上海市党部常务委员，支持共产党领导的上海第三次工人武装起义。

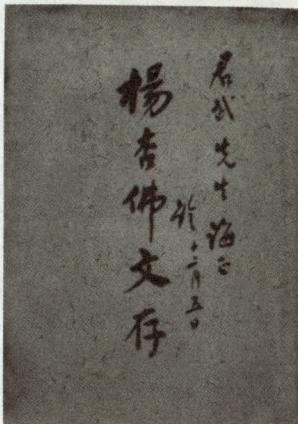

1933年6月18日，星期天，杨杏佛照例坐车要去郊外骑马。纵马驰骋是他平生一大爱好，只见他身穿马装，头戴灰色呢帽，携长子杨小佛登上专用纳喜牌敞篷车。

自从与赵凤昌之女赵志道离异后，杨杏佛便一人独居上海法租界亚尔培路331号。这里是中央研究院国际出版物交换处，还在中学读书的长子逢星期天便来与父亲相聚。

上午约8点，汽车驶出大门，向北转弯。就在这时，路边突然出现四个持枪者，一瞬间，射出的子弹向车上飞来。司机强祥生胸中两弹，幸未伤及要害，他赶紧跳车，逃过一劫。坐在后排的杨杏佛立刻明白大事不好，急忙护伏在坐于一旁的儿子身上。

民国年间出版的《杨杏佛文存》（上图）
杨杏佛与鲁迅（右图）
1933年2月24日，杨杏佛与鲁迅合影于上海。

枪声惊动了法租界巡捕，杨氏父子被迅速送往附近的广慈医院。可是身中三弹的杨杏佛由于伤及心脏，送至医院已气绝身亡。杨小佛大腿中弹，总算保住性命。

精心策划，杀一儆百

这次暗杀行动，是经过精心策划的，布置得相当周密。国民党复兴社特务处长戴笠亲自坐镇上海，负责指挥。具体行动，由特务处华东区行动组执行。

行动组组长赵理君，黄埔军校五期，在上海从事特务活动多年。行动组其他成员，个个经过挑选，各有丰富

151

杨杏佛致宋庆龄的信

"作案"经验。行动前，特务们还特别宣誓：一旦被捕，立刻自杀，决不泄露秘密。

行动组原打算在杨郊外骑马时下手，可蒋介石不同意。在蒋看来，郊外动手，影响不大，而且会给国民党当局带来负责破案的麻烦，如在法租界动手，既可避免责任，效果又好，还能显示国民党特务们无所不能，就此起到杀一儆百的作用。

案发前一天的早晨，特务们已经准备采取行动，他们打算在杨杏佛出来晨练时伺机下手。可是那天亚尔培路上，一会儿有巡捕房的巡逻车经过，一会儿有换班的巡捕路过。为了万无一失，结果没有动手。

次日凌晨6点多，赵理君又带着手下来到亚尔培路设伏。赵本人将车停在路边负责接应，四个便衣则分散在中央研究院国际出版物交换处门口附近，马路两头还各派一人望风。

暗杀行动实施之后，杀手之一的过得诚，由于惊慌跑错了方向，而此时法租界巡捕听到枪声正在疾速赶来，赵理君既不能停车等候，又害怕他被擒，于是就向他开枪，想把他打死，可是子弹虽然命中目标，却没有立刻将他毙命。眼看到了这一地步，过得诚只好举枪朝自己胸口开枪，可是依旧没有死成。

经过医院急救，过得诚渐渐苏醒，可以说话了，不料当晚又神秘身亡。原来戴笠得知消息，赶紧通过内线，用毒药将其毒死。

送莫利爱路二十九号呈
孙夫人台启
国立中央研究院缄

杨杏佛（右一）与宋庆龄（左二）、宋子良（右二）、宋子安（左一）在上海

历史文化百科

〔杨杏佛和中央研究院成立〕

中央研究院于1928年6月9日在上海宣布正式成立，特任院长为蔡元培，后为朱家骅，总干事先后为杨杏佛、丁文江、朱家骅、任鸿隽、傅斯年、叶企孙、李书华、萨本栋和钱临照。

中央研究院初设有物理、化学、工程、地质、天文、气象、历史语言、心理、动植物和社会科学等十个研究所和一个自然博物院，分设于南京和上海两处。

杨杏佛是首任总干事，此人颇具科学素养和民主思想，又有很强的组织、办事能力，为蔡元培高度赞扬："我素来宽容而迂缓，杨君精悍而机警，正可以他之长，补我之缺。"

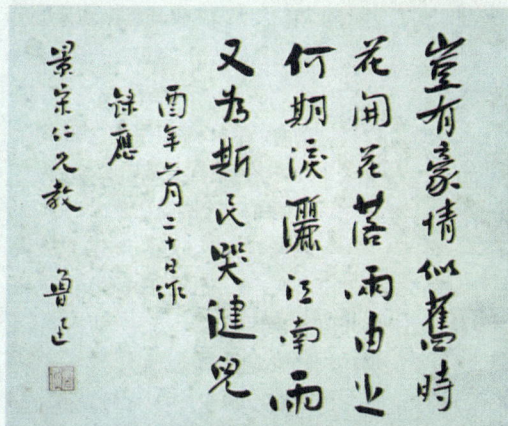

鲁迅送给许广平的悼念杨杏佛的诗作《悼杨铨》

蒋介石下的暗杀令

暗杀杨杏佛，是蒋介石亲自下的命令。

促使蒋介石动起杀机，主要是杨杏佛在中国民权保障同盟中的突出地位和表现，尤其是他深入"苏区"调查报告的公开发表和出版。

到江西"苏区"调查，本是蒋的意思，问题是杨杏佛撰写的调查报告比较客观，而且就这么拿出来公开发表和出版了。当时国民党对"苏区"不是实行新闻封锁，就是进行不实宣传，以致许多人不明真相，以为"苏区"漆黑一片。自从该调查报告发表出版，天窗被捅破了，人们就此了解了苏区，开始同情革命，这使蒋介石恼怒不已，怀恨在心。

1932年12月，中国民权保障同盟成立，主席宋庆龄，副主席蔡元培，总干事杨杏佛，成员都是社会著名人士。该民间团体以"民权之保障为宗旨"，主要从事政治犯的保护和营救活动，许多进步人士和共产党人，经

过他们的奔走努力，最终获得了自由，有些营救工作虽没取得成功，但也给国民党当局带来了不少麻烦和压力。所以"同盟"所做的事，实际帮助了共产党，由此也犯了蒋介石的大忌。

蒋介石要扼杀"同盟"，打击"同盟"，首要目标就锁定杨杏佛。因为"同盟"前前后后所做的每一件事，无一不与他有关。这位总干事，实为"同盟"关键人物，"同盟"上上下下，内内外外，都是他在运作、协调和奔走，"同盟"在这么短的时间里能有这么大的作为与影响，都离不开他的尽心尽力和干事老练。

一贯"离经叛道"的杨杏佛，成了蒋委员长的心头大恨，可是苦于找不到合适借口，于是最终动了杀机。

1933年三四月间，戴笠正式接到暗杀令。

"又为斯民哭健儿"

杨杏佛之死，激起了社会的不满和斗志。

三天后，葬礼如期举行。似乎天亦有情，淅淅沥沥下着小雨。宋庆龄、鲁迅等人听说也上了暗杀黑名单，但他们仍义无反顾地前往吊唁。

宋庆龄激动异常地表示：

这些人和他们雇来的打手们以为靠武力、绑架、施刑和谋杀，他们可以粉碎争取自由的斗争。

但是，斗争不仅远远没有被粉碎，而且我们应当更坚定地斗争，因为杨铨为了自由而失去了他的生命。我们必须加倍努力直至实现我们的目标。

鲁迅以《悼杨铨》一诗，表达了自己的思念与哀痛：

岂有豪情似旧时，花开花落两由之。何期泪洒江南雨，又为斯民哭健儿。

〉廖大伟

中国民权保障同盟印章

〇五一

吉鸿昌克复多伦

吉鸿昌虎口拔牙，克复多伦，显示了中国人宁死不当亡国奴的决心和勇气。

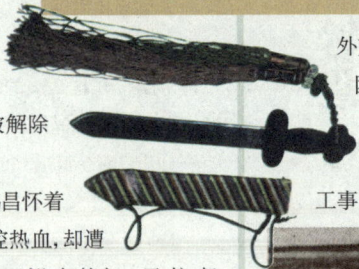

变卖家产，毅然回国抗日

吉鸿昌18岁开始当兵，在冯玉祥军中以勇猛闻名，人称"吉大胆"。吉大胆34岁已升至军长，并出任宁夏省主席。可惜中原大战战败，所部不得不接受蒋介石的改编，改编后他任第二十二路军总指挥，兼第三十师师长。因不满蒋介石的内战政策，不久又被解除兵权，强令出国"考察"。

"一·二八"抗战爆发，吉鸿昌怀着报国壮志，赶回国内，可是他一腔热血，却遭冷遇。于是，他变卖了家产，联络旧部，打算自己拉起队伍来抗战。1932年秋，他成了中共秘密党员。

山河日益破碎，民族面临危亡。侵占了东北的日本又将魔掌伸向长城以内。然而国民党当局却苟且偷安，一心"剿共"，结果使热河沦陷，长城各口失守，察哈尔遭到攻击，整个华北势如累卵。1933年5月察哈尔民众抗日同盟军在张家口组建，冯玉祥任总司令，方振武任前敌总司令，吉鸿昌则就任前敌总指挥。吉鸿昌不仅招来不少部众，还捐出了历年的积蓄。

不打下多伦誓不生还

抗日同盟军要挥师北征，收复失地，可是蒋介石不但不支持，反而派重兵围困，迫其解散。尽管两面受敌，处于日伪与蒋介石的夹击之中，但抗日同盟军还是义无反顾，吉鸿昌更是亲率北征军出发。

从6月开始，北征军在吉鸿昌指挥下所向披靡，三战三捷。22日收复康保，7月初收复宝昌和沽源，随即直指多伦。

多伦位于察哈尔省东部，因为商贸繁荣，素有塞北"小上海"之称。多伦还是战略要地，为察绥两省门户，扼通往蒙古咽喉，而且城外有八卦炮台32座，以及内外交通壕和电网等工事，又加上日本骑兵第四旅团一部和伪军李守信部共一万多人的把守，因此攻打多伦，注定是一场恶战。

7月7日凌晨，战斗打响。守敌凭借固有工事与优势火力，拼命顽抗，热河日本驻军也出动

冯玉祥赠给部下的短剑（上图）
抗日同盟军总司令冯玉祥（右图）
1933年5月26日，冯玉祥（右）出任察哈尔民众抗日同盟军总司令。

公元1932年

吉鸿昌题签照
吉鸿昌曾任二十一军军长和宁夏省主席等职，1932年加入中国共产党。抗日同盟军成立后，吉鸿昌任前敌总指挥。

历史文化百科

〔察哈尔抗日同盟军〕

1933年春，日军侵占热河省，并进犯察哈尔省，侵占了多地。同年5月，原国民军总司令冯玉祥与所部将领方振武、吉鸿昌等聚集旧部在张家口成立察绥民众抗日同盟军，通电全国，并与日伪军作战，先后收复宝昌（今内蒙古自治区正蓝旗、正镶白旗、太仆寺旗）、沽源、多伦等地，人员由几千人扩充至十余万人。8月，冯玉祥因南京国民政府威胁离开，方振武、吉鸿昌仍继续战斗于热河和察北长城地区，改称抗日讨贼军，后因南京国民政府奉行不抵抗政策而失败。

飞机，前来支援。吉鸿昌赤膊指挥，并亲率敢死队登城，只因敌人火力太猛，依旧没有奏效。仗打了四天四夜，外围基本肃清了，但多伦城还未拿下。11日拂晓，总攻再度发起，官兵们冒着敌机轰炸，用大刀与敌肉搏，然而还是没有成功。此时，冯玉祥急了，来电表示要亲上前线，准备一死，吉鸿昌含泪电复总司令："再打不下多伦，誓不生还。"

当日夜，决心背水一战的吉鸿昌，重新组织了攻城兵力，并实施里应外合战术，先选派四十多名官兵化装成伪军，借着夜幕，潜入城内。12日凌晨1时，攻城全面展开，由于天色未明，敌机难以发挥作用。

吉鸿昌再现英雄本色，只见他亲自率队，赤膊冲在前头。与此同时，潜入城内的官兵一边开枪，一边呼喊"同盟军进城了"。日伪军军心开始动摇，纷纷向城外逃窜，又遭到同盟军的迎头痛击。激战至上午10时许，多伦终于被克，察东四县自此全归同盟军之手。

"恨不抗日死，留作今日羞"

攻克多伦，是"九一八"以来中国军队首次收复失地，全国民众自然欢天喜地，热烈庆祝。当月14日，上海各团体救国联合会致电冯玉祥、吉鸿昌："政府之所不

抗日同盟军出征
1933年10月，察哈尔民众抗日同盟军一部奉命出征。

155

中国大事记　1月1日，日军侵犯榆关（山海关），3日攻陷关城。

吉鸿昌出资烧制的碗

吉鸿昌将其父亲遗训"作官即不许发财"烧制在碗上，每饭必思。

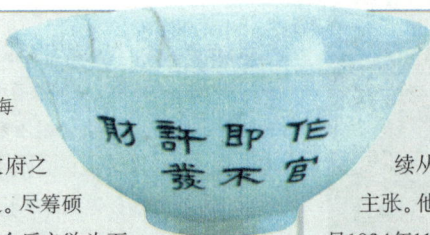

敢为者，而公等为之，政府之所不能克者，而公等克之。尽筹硕划，岂惟大快人心，直使今后之欲为石敬瑭、秦桧者，将有所畏慑，而不敢径行其私。"

26日，天津《益世报》发表文章说："我们只有失陷领土的故事，并没有什么人做过收复失地的工作，有之，吉鸿昌收复多伦为第一次。"同时，社会各界纷纷呼吁大家向抗日同盟军捐款，以表示支持抗战。

然而越是这样，蒋介石就越担心害怕。在蒋介石重兵进攻下，抗日同盟军终因腹背受敌，寡不敌众，没能坚持下去。

抗日同盟军失败后，吉鸿昌来到平津，继续从事抗日反蒋活动，宣传党的反帝统一战线主张。他曾计划再组抗日武装，到西北开创局面，可是1934年11月9日不幸在天津被国民党反动当局逮捕，24日于北平被杀。到了刑场，他说："我为抗日而死，不能跪下挨枪，我死了也不能倒下！给我拿个椅子来，我得坐着死。"待坐上椅子，他又说："我为抗日死，死得光明正大，不能在背后挨枪。你在我眼前开枪，我要亲眼看到敌人的子弹是怎样打死我的。"就义时年仅39岁。

临刑前，他写下了一首就义诗："恨不抗日死，留作今日羞。国破尚如此，我何惜此头！"

〉廖大伟

方振武慰问伤兵

察哈尔民众抗日同盟军前敌总司令方振武在战地医院慰问伤兵员。

陈铭枢 蒋光鼐 蔡廷锴

谋略 胆识

蒋光鼐 蔡廷锴 载载《十九路军淞沪抗战回忆》《蒋光鼐将军》

人物 关键词 资料来源

福建事变

1933年11月，国民革命军第十九路军宣布脱离国民政府，将领陈铭枢、蒋光鼐、蔡廷锴和李济深高举反蒋抗日义旗，通电在福州成立"中华共和国人民革命政府"，史称福建事变。也称"闽变"。

反蒋抗日联共

十九路军淞沪抗战，得到了全国人民的赞誉和支持，却引起蒋介石的不满。1933年5月6日，蒋介石将其3个师分别调往江西、湖北、安徽进行"剿共"，结果遭到部队上下的抵制。随即蒋又决定将十九路军调防福建，任命蒋光鼐为福建省主席，蔡廷锴为该路军总指挥、军长。

1933年秋，红军主力由江西东征福建，先在闽西歼灭十九路军数千人，继又于闽北歼灭其两个团，并开始威胁福州。蔡廷锴此时意识到与红军作战是蒋介石的计谋，于是在当年6月1日，《塘沽协定》签字后的第二天，蒋光鼐、蔡廷锴在福州联名发表通电，反对蒋介石对日妥协，出卖华北，同时把"反蒋抗日反共"方针，改为"反蒋抗日联共"。9月下旬同中共达成停战默契。

联络反蒋人士

当蒋光鼐、蔡廷锴正全力经营福建时，他们的老长官陈铭枢突然回国入闽。

蔡廷锴离沪赴闽

"四一二"政变后，陈铭枢弃军从政投靠蒋介石，但未能得到重用。失望之余，陈铭枢出国考察，现在得知老部队调防福建，并已发展到八万多人，不由心生喜悦。在他的游说下，十九路军开始了一个秘密计划，即"发动事变，另立政府，与蒋介石决裂"。此后的陈铭枢不辞辛劳，频繁往来于香港、广州间，广泛联络国民党内和党外反蒋人士。但胡汉民拒绝了，陈济棠、李宗仁、白崇禧也只是表示保持中立。

为了寻求红军的支持，1933年10月下旬，蔡廷锴派秘书长徐名鸿为全权代表到瑞金与中共中央取得联系，中共派潘汉年为全权代表与其谈判。10月26日，双方达成《反日反蒋的初步协定》。协定共有11项条款，涉及到政治、经济、外交、军事和相互关系。协议的签订，标志着中共与十九路军合作抗日反蒋关系的初步形成。10月底，潘汉年等随徐名鸿到了福建，经过进一步接触和磋商，双方又订立了军事同盟条约，此时，北方冯玉祥也派出代表前来，表示支持。有了中共合作和冯玉祥的许诺，陈铭枢踌躇满志，找到北伐名将李济深，请他担任新政府的领袖。

发动福建事变的十九路军领导人蒋光鼐(上图)、陈铭枢(下图)

中国大事记　1月3日, 孙科等在上海发起建立中山文化教育馆, 此后各市县均建立此类文化教育馆, 用以启发民智, 普及文化。

福建人民政府成立后召开的全国人民临时代表大会合影

号, 所辖五个师十个旅扩充为五个军十个师, 军长由原各师师长担任并把福建划为闽海、延建、兴泉、龙汀四省。

成立人民政府

1933年11月20日, 中国人民临时代表大会在福州召开。会议发表了《人民权利宣言》, 称:

革命政府坚决反对蒋中正亡国残民之政策。竭诚希望全国人民各政治集团与各军队一致奋起拥护革命政府, 坚决与蒋中正政府作殊死战, 以实现中华民族当前迫切之要求。

第二天, 李济深等通电宣布脱离国民党, 随后联合第三党和神州国光社成员发起成立生产人民党, 以陈铭枢为总书记。第三天, 宣布成立"中华共和国人民革命政府", 废除南京国民政府年号, 改用公历, 定1933年为中华共和国元年, 废青天白日旗, 改用上红下蓝, 中间一颗黄色五角星的新国旗。

福建人民政府选李济深为主席兼军事委员会主席, 陈铭枢、蒋光鼐、蔡廷锴、陈友仁、徐谦、戴戟、黄琪翔、萨镇冰、李章达、冯玉祥等为政府委员。政府下设三会两部一院一局, 保存十九路军番

在悲壮中落幕

"福建事变"发生后, 国民党中央立即发表措辞严厉的声明和《告十九路军将士书》, 宣布陈铭枢等参与政变的军政领导人为党国叛徒, 开除党籍, 并于22日起开始在福建全境空投大量传单和宣传品, 煽动下层官兵反对福建人民政府。十几天后, 中央军开始出动飞机对闽北沙县前线和福州、泉州等地进行轰炸, 此举对民心和士气打击极大。

1933年12月下旬, 蒋介石抽调进攻江西苏区的嫡系部队十余万人, 以蒋鼎文为前敌总指挥, 在海、空军的配合下, 由赣东和浙江分路进攻延平、古田等地。1934年1月13日, 延平、古田、福州先后被中央军占领, 福建人民政府和十九路军总部分别迁往漳州和泉州。21日, 十九路军高级将领毛维寿、沈光汉、区寿年相继叛变, 造成泉漳两地失守, 其他部队被迫退至龙岩, "福建事变"宣告失败。

此后, 李济深、陈铭枢、蒋光鼐、蔡廷锴逃往香港, 十九路军番号被取消, 军队被改编。

福建人民政府仅存五十多天, 在悲壮中落幕。 ❯廖大伟

福建省苏维埃政府旧址

158

聚焦：1929年至1937年的中国

长征是历史纪录上的第一次，长征是宣言书，长征是宣传队，长征是播种机。

毛泽东

那切切实实，足踏在地上，为着现在中国人的生存而流血奋斗者，我得引为同志，是自以为光荣的。

鲁迅

没有伟大的人物出现的民族，是世界上最可怜的生物之群；有了伟大的人物，而不知拥护、爱戴、崇仰的国家，是没有希望的奴隶之邦。因鲁迅的一死，使人自觉出了民族的尚可以有为，也因鲁迅之一死，使人家看出了中国还是奴隶性很浓厚的半绝望的国家。鲁迅的灵柩，在夜阴里被埋入浅土中去了；西天角却出现了一片微红的新月。

郁达夫

旧中国是一个典型的乡土社会，具有很浓重的乡土特点。这些特点是怎么形成的呢？几千年来，汉族人赖以生存的经济基础主要是简单的农业生产方式，通过种植业的收获取得食物。种庄稼的悠久历史培植了中国的社会结构。其中的上层建筑、意识形态是用来维护这个经济基础的。

费孝通

伴随着农村革命根据地的建立和发展而产生的革命根据地的经济，是 种新民主主义经济。它

文苑泰斗，学术名家，聚焦于1929年至1937年的中国。他们以宏观或者微观的独到眼光，对民国这一时期的政治经济和社会文化的各个层面作了深入浅出、鞭辟入里的解析。这些凝聚了高度智慧的学术精华，历经岁月洗礼，常读常新，是我们走进中国历史文化殿堂的引路人。

是革命根据地苏维埃政权赖以生存和发展的基础，代表着中国经济发展的前途。

白寿彝

面对革命遭受惨重打击的现实，中国共产党人和中国人民在深深地思索：中国革命向何处去？进行武装斗争，实行土地革命，创建革命根据地，这就是中国共产党在大无畏的革命实践中所作出的正确回答。

陈旭麓

国民党刚掌握政权就抛弃了创业时期发动工人、农民、青年和妇女的苏式组织形式，转而镇压学生运动，对地方上各自为政的现象听之任之，丧失了早先的使命感。简言之，国民党已蜕化为一架官僚机器，变成了反革命的政权。

费正清

国民政府在这头十年结束时的记录，表明了在金融、交通、工业发展和教育领域的一些进步。另一方面，国民政府却忽视了十分急需的社会和经济根本改革，并推行一种不负责任的财政赤字政策——这两点都造成了根本性的深远影响，最终导致灾难性后果。

徐中约

图书在版编目（CIP）数据

正义的觉醒（上）/邢建榕著. —上海：上海锦绣文章出版社，2014.2（2019.3重印）
（话说中国：普及版）
ISBN 978-7-5452-1284-6

Ⅰ.①正… Ⅱ.①邢… Ⅲ.①中国历史—民国—通俗读物
Ⅳ.①K260.9
中国版本图书馆CIP数据核字（2013）第062593号

责任编辑　　李　欣　赵晋波
特邀审订　　盛巽昌
特邀审读　　王瑞祥
特邀编辑　　王建玲　侯　磊　刘言秋　李曦曦
整体设计　　袁银昌
装帧设计　　周艳梅
美术编辑　　周艳梅　张独伊
印务监制　　张　凯

书名
正义的觉醒（上）
　　——1929年至1937年的中国故事
著者
邢建榕
出版
上海锦绣文章出版社·上海故事会文化传媒有限公司
发行
上海文艺出版社发行中心
（上海市绍兴路50号　　邮编：200020）
印刷
北京一鑫印务有限责任公司
版次
2014年2月第1版　2019年3月第3次印刷
规格
787×1092　1/16　印张10.5
书号
ISBN 978-7-5452-1284-6/K·459
定价
31.00元

告读者　　如发现本书有质量问题请与印刷厂质量科联系　T:010—61424266